Sebastian Reich

BACKEN mit Amanda

Sebastian Reich

Backen mit Amanda

60 neue herzhafte
und süße Rezepte

riva

Bibliografische Information der Deutschen Nationalbibliothek
Die Deutsche Nationalbibliothek verzeichnet diese Publikation in der Deutschen Nationalbibliografie. Detaillierte bibliografische Daten sind im Internet über http://dnb.d-nb.de abrufbar.

Für Fragen und Anregungen
info@rivaverlag.de

Wichtiger Hinweis
Ausschließlich zum Zweck der besseren Lesbarkeit wurde auf eine genderspezifische Schreibweise sowie eine Mehrfachbezeichnung verzichtet. Alle personenbezogenen Bezeichnungen sind somit geschlechtsneutral zu verstehen.

Originalausgabe
2. Auflage 2023

Türkenstraße 89
80799 München
Tel.: 089 651285-0
Fax: 089 652096

Redaktion: Ulrike Reinen
Umschlaggestaltung: Isabella Dorsch
Umschlagabbildungen: Vorderseite: Rainer Hofmann; Rückseite: Stephanie Just
Abbildungen Innenteil: S. 9, 11, 13, 15, 17, 20, 42, 45, 48, 68, 90, 112, 135: Rainer Hofmann;
S. 6: Sebastian Reich; alle anderen Bilder: Stephanie Just
Satz: Satzwerk Huber, Germering
Druck: Firmengruppe APPL, aprinta Druck, Wemding
Printed in Germany

ISBN Print 978-3-7423-1956-2
ISBN E-Book (PDF) 978-3-7453-1688-9
ISBN E-Book (EPUB, Mobi) 978-3-7453-1689-6

Inhalt

VORWORT

Seit vielen Jahren bin ich nun mit meinen Soloprogrammen gemeinsam mit Amanda quer durchs Land auf Tournee. Wochenende für Wochenende stehe ich auf der Bühne und genieße meinen Beruf als Bauchredner und Comedian. Den ursprünglich gelernten Beruf des Bäckers und Konditors lebe ich als Hobby weiter, allerdings – zeitlich bedingt – nur noch eher selten. Bis dann im März 2020 ein kleines unsichtbares Virus abrupt die Tour unterbricht und die Welt zum Stillstand bringt. Ich bin ein Mensch, der versucht, aus jeder Situation nur irgendwie das Beste zu machen, und so hatte ich endlich einmal wieder Zeit, alte Rezepte herauszusuchen, Ordner aus der Lehrzeit zu wälzen und viel mehr als je zuvor zu backen.

Und damit war ich nicht alleine. Backen erlebte plötzlich einen regelrechten Boom. Freunde, welche zuvor nicht mal einen Roggen- von einem Weizenteig unterscheiden konnten, fragten mich plötzlich um Rat, wie das eigentlich mit diesem »Sauerteig ansetzen« funktioniert. Und wie man am besten einen schönen Hefeteig macht. Hefe war allerdings das neue Gold der Supermärkte – gemeinsam mit Dinkelmehl und Co. ein stets ausverkauftes und plötzlich stark gefragtes Produkt.

Warum also alleine backen? Meine Küche wurde spontan zum Online-Sendezentrum, Technik wurde aufgerüstet, und diverse Backkurse über die sozialen Netzwerke und via Videokonferenz bestimmten plötzlich den Alltag. Damit das ganze Backvergnügen auch noch lustig wird, war Amanda stets mit dabei. »Backen mit Amanda«, einhändig und mit viel Platz für lustige Situationen.

In diesem Buch findet ihr die schönsten Rezepte aus dieser Online-Zeit und zudem viele Leckereien von Amanda und mir. Während andere Menschen im Ausland wohl als Erstes Sehenswürdigkeiten und historische Gebäude aufsuchen, frage ich sofort nach Ankunft sämtliche Suchmaschinen, welche Bäckereien und Cafés es vor Ort gibt. Urlaub à la Sebastian. Aus jedem Land bringe ich so immer wieder Ideen und Rezepte mit, welche auch einen Platz hier in diesem Buch gefunden haben. Außerdem reise ich mit euch kulinarisch quer durch alle Jahreszeiten;

Rezepte von herzhaft bis süß, von fruchtig bis nussig – alles ist diesmal vertreten. Und sogar an Amandas tierische Freunde habe ich gedacht. Spezifisch! Im wahrsten Sinne des Wortes.

Mich persönlich freut es, dass viele Menschen das Backen mehr und mehr für sich entdecken. Vielleicht merkt man so auch, dass hinter dem Backen ein echtes Handwerk steckt. Ein knuspriges, frisches Brötchen fällt eben nicht beim Discounter aus dem Automaten, sondern wird von Hand aus guten Zutaten und mit Leidenschaft hergestellt.

»Wer hätte gedacht, dass du deinen Beruf von damals noch mal so gebrauchen kannst«, sagte letztens meine Mutter zu mir. Wie recht sie doch hatte. Das Schöne daran ist, dass es mir wieder genauso viel Freude bereitet hat wie damals in der ersten Stunde meiner Lehre.

Backen ist einfach etwas Wundervolles. Backen ist kreativ sein, Entspannung und Leidenschaft in einem. Auch wenn wir zukünftig wohl wieder mehr auf der Bühne als in der Backstube stehen werden, der Duft von frischem Brot oder Kuchen in der eigenen Küche macht glücklich. Oder, um es mit Amandas Worten zu sagen: »Wo Kuchen ist, da ist auch Hoffnung«!

Und nun viel Spaß beim Backen und Genießen,
Euer

WISSENSWERTES: VORTEIG

Für einige Brot- und Brötchenrezepte wird ein Vorteig benötigt. Vorteige sind Teige, die mehrere Stunden vor der eigentlichen Teigbereitung angesetzt werden. In der Regel bestehen sie aus Mehl, Wasser und einem geringen Anteil an Triebmittel, meistens Hefe.

Vorteige haben die Aufgabe, sich um die Hefevermehrung und die Aromaentwicklung zu kümmern. Außerdem verbessern sie die Teigbeschaffenheit und sorgen beim Backen für eine weiche Krume sowie eine schöne Kruste. Auch für die Frischhaltung des Gebäcks sind Vorteige förderlich.

Bei sehr fett- und zuckerreichen Teigen (zum Beispiel Stollen) werden kurz geführte Vorteige (ca. 1 Stunde) mit der kompletten Hefe angesetzt, um diese zu aktivieren und rasch zu vermehren.

So gelingt es am besten: Das Mehl in eine Schüssel geben und mit Wasser und Hefe mischen. Die Schüssel mit einem Tuch abdecken und einen Teller darauflegen. So kann der Vorteig etwas atmen und ist nicht komplett eingeschlossen. Die Schüssel nun an einem leicht gewärmten Ort bei ca. 24–26 °C stehen lassen (nicht direkt auf der Heizung oder Ähnlichem). Nach der abgelaufenen Zeit hat der Vorteig die richtige Reife, man erkennt dies auch an seinem säuerlichen Geruch.

1

2

3

4

WISSENSWERTES: DAS PERFEKTE EIWEISS

Es geht nichts über einen perfekten Eischnee für die Baiserhaube auf dem Kuchen oder den Hauptbestandteil beim Biskuit. Das sind die fünf wichtigsten Faktoren für das perfekt geschlagenen Eiweiß:

1. Sowohl die Schüssel als auch die Rührstäbe des Rührgeräts müssen 100 Prozent fettfrei sein. Dies erreicht man am besten, indem man die Schüssel mit kaltem Wasser ausspült, etwas Salz hineingibt und dieses dann mit einem Küchenpapier wieder herausreibt. Zurück bleibt zudem gleich eine kleine Prise Salz.
2. Das Eiweiß muss frei von jeglichem Eigelb sein. Die Eier am besten immer in einer Tasse Ei für Ei trennen und dann das eigelbfreie Eiweiß in die Rührschüssel geben.
3. Eine Prise Salz fördert die Stabilität des Eiweißes. Wer die Schüssel wie bei Punkt 1 vorbereitet, muss keine extra Prise Salz mehr dazugeben.
4. Neben dem Salz gibt es noch einen weiteren Helfer für den perfekten Eischnee: Zitronensaft! Säure lässt den Eischnee stabiler werden. Einfach einen kleinen Spritzer Zitronensaft zum halb aufgeschlagenen Eischnee geben, damit dieser schön fest wird.
5. Wann ist der Eischnee perfekt? Wenn man ihn mit einem Messer durchschneidet und der Schnitt sichtbar bleibt, ist er stabil. Alternativ lässt sich dies auch mit der »Schüssel-über-den-Kopf-Methode« testen.

AMANDAS TIPP

Eiklar kann man übrigens für rund zwölf Monate in einem geeigneten Gefäß einfrieren. Nach dem Auftauen lässt sich das Eiklar wie gewohnt verarbeiten.

1

2

3

4

WISSENSWERTES: BRANDTEIG

Wer ein paar Tipps beachtet, muss keine Angst vor Brandteig haben. Dieses Grundrezept eignet sich sowohl für Windbeutel und Eclairs als auch für Suppeneinlagen. Oberstes Gebot beim Backen im Ofen ist: Niemals vor Ablauf der Backzeit die Ofentür öffnen!

GRUNDREZEPT FÜR BRANDTEIG-WINDBEUTEL:

30 g Butter
1 Prise Salz
5 g Zucker
100 g Weizenmehl
3 Eier (Größe M)

1. Für den Brandteig 150 ml Wasser mit Butter, Salz und Zucker in einem Topf zum Kochen bringen. Das Mehl auf einmal dazugeben und mit einem Holzkochlöffel zu einem zähen Teig verrühren. Bei mittlerer Hitze weiterrühren und dabei den »Teigkloß« immer wieder von allen Seiten mit dem Kochlöffel auf den heißen Topfboden drücken. Hierbei wird der Teig »abgebrannt«. Es entsteht eine weiße Schicht am Topfboden. Nach einiger Zeit (die Schicht darf nicht dunkel verbrennen) den Topf vom Herd nehmen.

2. Den Teig aus dem Topf in eine Schüssel geben und für ca. 3–5 Minuten abkühlen lassen (dabei die Masse etwas auf dem Boden der Schüssel verteilen). Dann die Eier einzeln (!) mit den Rührbesen des Handrührgeräts einrühren. Immer darauf achten, dass jedes Ei komplett verrührt und wieder ein geschmeidiger Teig entstanden ist. Der Teig ist fertig, wenn er glänzt und eine zähe Konsistenz hat.

1
INDUCTION

2

3

4

WISSENSWERTES: BRÖTCHEN SCHLEIFEN

Um perfekte Brötchen zu bekommen, ist nicht nur ein guter Teig entscheidend. Es ist mindestens genauso wichtig, dass die Brötchen auch entsprechend geformt werden. Das macht man, indem man die einzelnen abgewogenen Teiglinge »schleift«. Dadurch erhöht sich die Oberflächenspannung. Diese sorgt wiederum dafür, dass die Form der Brötchen beim Backprozess erhalten bleibt und sich eine knusprige Kruste bildet. Würde man die Teigstücke einfach so backen, würden die Brötchen flach auseinanderlaufen.

Mit etwas Übung kann man dann parallel mit beiden Händen jeweils einen Teigling schleifen.

So funktioniert das Rundschleifen: Den Teig in gleich große Stücke abwiegen (bei Brötchen zum Beispiel 100 g pro Stück). Den einzelnen Teigling nun auf die Arbeitsfläche legen und mit der Innenfläche der hohlen Hand leicht auf den Tisch drücken. Anschließend führt die Hand Kreisbewegungen von ca. 5 cm Durchmesser aus.

Hierbei ist es wichtig, dass der Teigling auf dem Tisch »schleift«. Er darf also nicht kleben bleiben, aber auch nicht wie eine Murmel durch die Hand rutschen. Der Druck auf die Tischplatte muss entsprechend angepasst werden. Hilfreich ist es auch, nur wenig Mehl (im Idealfall gar keins) auf den Tisch zu geben, da der Teig sonst auf dem Tisch zu stark gleitet.

Durch die ständig schleifende Bewegung wird der äußere Teig des Brötchens immer wieder gleichmäßig ringsum nach unten gezogen.

Nach 20–30 Umdrehungen sollte der Teigling die gewünschte Spannung haben. Das »Brötchenschleifen« benötigt etwas Übung, bis man das Gefühl für den notwendigen Druck heraushat, ist dann aber ein Kinderspiel.

1

2

3

4

FAQ – HÄUFIG GESTELLTE FRAGEN

Kann ich anstatt Weizenmehl auch Dinkelmehl verwenden?
Man kann problemlos Weizenmehl durch Dinkelmehl ersetzen. Hier gilt zu beachten, dass Dinkelmehle das Wasser anders binden als Weizenmehle. Aus diesem Grund sollte man ca. 10 Prozent des Wassers aus dem Rezept zurückzubehalten und nur nach und nach zum Teig dazugeben.

Soll ich einen Messbecher oder eine Waage verwenden?
Zum Abwiegen der Zutaten wird generell eine Digitalwaage empfohlen (dies gilt auch für Wasser). Je genauer die Zutaten gewogen werden, umso besser das Ergebnis.

Müssen die Eier Größe M haben?
Wie schon beim Abwiegen der Zutaten kommt es auch hier auf die genaue Menge an. Ein Ei der Größe M wiegt ca. 57 g. Bei den Größen S und L sind es jeweils 10 g weniger beziehungsweise mehr. Aus diesem Grund sollte man immer auf die Größe achten und bei abweichenden Eier-Größen dementsprechend nachwiegen.

Wo liegt der Unterschied zwischen Ober-/Unterhitze und Umluft?
Bis auf einige Ausnahmen lassen sich so gut wie alle Backwaren sowohl bei Ober-/Unterhitze als auch bei Umluft backen. Umluft ist etwas energiesparender, als Faustregel gilt: 20 °C weniger einstellen als bei Ober-/Unterhitze. Zudem kann man bei Umluft auch zwei Bleche gleichzeitig in den Ofen schieben.

Kann ich frische Hefe durch Trockenhefe ersetzen?
Generell ja! Zwei Päckchen Trockenhefe (mit je 7 g Inhalt) entsprechen einem Würfel Frischhefe (42 g). Geschmacklich und für den Teig ist die frische Hefe jedoch empfehlenswert.

Woher weiß ich, ob mein Kuchen durch ist?
Bei Rührkuchen macht man den Stäbchentest. Wenn die Oberfläche schon recht gut aussieht, mit einem Holzstäbchen in die dickste Stelle des Teigs stechen. Wenn beim Herausziehen am Holz Teigreste kleben, muss der Kuchen noch im Ofen bleiben. Bleibt das Holzstäbchen sauber, ist der Kuchen bereits fertig. Sollte der Kuchen an der Oberfläche bereits zu dunkel sein, dann mit Alufolie abdecken.

Muss man Schokolade im Wasserbad schmelzen?

Kuvertüre sollte man tatsächlich immer im Wasserbad schmelzen. Im Wasserbad wird die Schokolade mit indirekter Hitze geschmolzen. So verhindert man, dass sie zu heiß und nach dem Erkalten grau wird.

Warum verformen sich runde Plätzchen zu Ovalen?

Hier wurde der Teig zu lange geknetet und ist brandig geworden. Die Zutaten von Mürbeteigen daher immer rasch zusammenkneten.

Muss frische Hefe im Wasser aufgelöst werden?

Bei Brotteigen sollte die frische Hefe auf jeden Fall im Wasser aufgelöst werden. So vermeidet man die Bildung von Klumpen. Trockenhefe wiederum wird vorab mit dem Mehl vermischt und nicht in Wasser aufgelöst.

Was ist der Unterschied zwischen Marmelade und Konfitüre?

Auch wenn wir umgangssprachlich von der Erdbeermarmelade sprechen, wir werden diese als solche nicht im Regal finden! Laut EU-Verordnung dürfen nur noch Aufstriche aus Zitrusfrüchten mit mindestens 200 g Frucht pro 1 kg Marmelade als solche verkauft werden. Eine kleine Ausnahmeregelung gibt es aber in der Verordnung: Auf Bauern- und Wochenmärkten ist die Zitrusfrucht-Regel aufgehoben und es dürfen auch Konfitüren aus Erdbeeren, Aprikosen oder Johannisbeeren als Marmelade verkauft werden.

Welche Apfelsorte eignet sich zum Backen?

Das ist wie bei vielen Dingen Geschmackssache. Besonders gut zum Backen eignen sich jedoch die Sorten Boskoop, Elstar oder Jonagold.

URLAUBS-
ERINNERUNGEN

Cantuccini

La dolce vita für zu Hause!

Arbeitszeit: ca. **35 Minuten** | Backzeit: ca. **30 Minuten** | Backtemperatur: **180 °C Ober-/Unterhitze / 160 °C Umluft**

ZUTATEN (FÜR CA. 65 STÜCK)

80 g Butter
330 g Weizenmehl
1 gestrichener TL Backpulver
100 g gemahlene Mandeln
280 g Zucker
1 Päckchen Vanillezucker
etwas Vanillepaste
1 Prise Salz
Abrieb von 1 Bio-Orange
2 Eier (Größe M)
100 g Mandelstifte

Zum Bestreichen
1 Eigelb (Größe M)
1 EL Milch

1. Zuerst die Butter in einem Topf auflösen und etwas erkalten lassen. Das Mehl mit dem Backpulver sieben und mit Mandeln, Zucker, Vanillezucker, Vanillepaste und Salz in einer Schüssel vermischen.

2. Die Orange heiß abwaschen, etwas trocken tupfen und die Schale fein abreiben. Zusammen mit den Eiern und der flüssigen Butter zu den trockenen Zutaten geben und zu einem glatten Teig verkneten. Hierbei auch die Mandelstifte unterkneten.

3. Ein Backblech mit Backpapier vorbereiten und den Backofen auf 180 °C Ober-/Unterhitze (Umluft: 160 °C) vorheizen.

4. Den Teig in 3 gleiche Portionen teilen und jeweils zu etwa runden Strängen (ca. 4 cm dick) formen. Diese mit Abstand auf das Blech legen und die Stränge mit den Fingern ein wenig flach drücken.

5. Das Eigelb mit der Milch verquirlen und die Teigstreifen damit bestreichen. Im Ofen für ca. 25 Minuten backen.

6. Das Blech mit den Streifen aus dem Ofen nehmen und für ca. 30 Minuten erkalten lassen. Dann mit einem Sägemesser in ca. 0,7 cm breite Stücke schneiden und mit der Schneidekante nach oben auf das Blech legen. Weitere ca. 5 Minuten bei 180 °C (Umluft: 160 °C) fertig backen. Anschließend auskühlen lassen.

AMANDAS TIPP

Wer ganz besondere Cantuccini haben möchte, knetet noch 25 g gehackte Pistazien mit in den Teig! Die Cantuccini bewahrt man am besten in einer Blechdose oder in hungrigen Nilpferden auf.

Mallorquinischer Mandelkuchen

Ein Muss bei jedem Aufenthalt in Palma

Arbeitszeit: **ca. 20 Minuten** | Backzeit: **ca. 50–60 Minuten** | Backtemperatur: **180 °C Ober-/Unterhitze / 170 °C Umluft**

ZUTATEN (FÜR 1 SPRINGFORM, Ø 26 CM)

etwas Margarine zum Einfetten
50 g gemahlene Mandeln für die Form
6 Eier (Größe M)
1 kleine Prise Salz
200 g Puderzucker
250 g gemahlene Mandeln
Mark von 1 Vanilleschote
1 gestrichener TL Zimt
Abrieb von 1 Bio-Zitrone
Puderzucker zum Bestreuen

1. Zuerst eine Springform mit etwas Margarine einfetten und mit 50 g gemahlenen Mandeln ausstreuen, damit sich der Kuchen nach dem Backen gut aus der Form löst (eine zusätzliche Möglichkeit ist es, in den Boden der Springform etwas Backpapier einzuspannen).

2. Den Backofen auf 170 °C Umluft einstellen (oder 180 °C Ober-/Unterhitze).

3. Für den Teig die Eier trennen. Das Eiweiß mit dem Salz schnittfest schlagen (s. auch Seite 12). Dann die Eigelbe mit dem Puderzucker sehr schaumig rühren, bis eine hellgelbe Masse entsteht. Anschließend die restlichen Mandeln, Vanille, Zimt und Zitronenabrieb zu der Eigelbmasse geben.

4. Nun sehr vorsichtig das geschlagene Eiweiß unter die Masse heben, bis sich alle Zutaten verbunden haben. Anschließend in die Springform füllen. Den Kuchen für ca. 50–60 Minuten backen. Sollte er an der Oberfläche zu dunkel werden, nach der Hälfte der Backzeit mit einem Stück Alufolie abdecken.

5. Nach dem Abkühlen mit Puderzucker bestreuen.

AMANDAS TIPP

Wer glaubt, Mallorca sei nur Ballermann, der irrt gewaltig. Von Mitte Januar bis etwa Mitte März wird die Baleareninsel zum Blütenmeer. Die Mandelblüte erstreckt sich quer über die Insel bis hin zum Tramuntanagebirge und lädt zu traumhaften Wanderungen ein. Schätzungen zufolge gibt es ca. 6 Millionen Mandelbäume auf Mallorca!

Sachertorte

Wien, Wien nur du allein

Arbeitszeit: **ca. 60 Minuten** | Backzeit: **ca. 60 Minuten** | Backtemperatur: **180 °C Ober-/Unterhitze**

ZUTATEN (FÜR 1 SPRINGFORM, Ø 26 CM)

Torte
etwas Butter oder Margarine für die Form
2 EL Mehl für die Form
180 g Zartbitterkuvertüre
6 Eier (Größe M)
150 g Zucker
180 g Mehl
1 gestrichener TL Backpulver
180 g weiche Butter
150 g Puderzucker
1 Päckchen Vanillezucker
1 Prise Salz
200 g Aprikosenkonfitüre

Glasur
125 ml Wasser
200 g Zucker
150 g Zartbitterkuvertüre

1. Zuerst den Backofen auf 180 °C Ober-/Unterhitze vorheizen. Eine Springform mit Butter ausfetten und mit Mehl ausstauben. Das Mehl leicht abklopfen.

2. Die Zartbitterkuvertüre im Wasserbad vorsichtig schmelzen. Die Eier trennen und das Eiweiß mit dem Zucker zu lockerem Schnee schlagen (s. Seite 12). Das Mehl mit dem Backpulver vermischen und bereitstellen.

3. Die Butter schaumig rühren, die geschmolzene Kuvertüre unterrühren und mit Puderzucker, Vanillezucker, Salz und Eigelb zu einer cremigen Masse schlagen. Das Mehl-Backpulver-Gemisch unterrühren und abschließend vorsichtig den geschlagenen Eischnee unterheben.

4. Den Teig in die Springform füllen und die Masse für ca. 20 Minuten bei 180 °C backen. Anschließend die Temperatur auf 160 °C reduzieren und den Kuchen für ca. 40 weitere Minuten backen.

5. Nach dem Backen den Kuchen etwa 10 Minuten in der Form auskühlen lassen. Anschließend aus der Form lösen und komplett auskühlen lassen.

6. Die Aprikosenkonfitüre in einem Topf erwärmen. Den Kuchen horizontal halbieren und jeweils die Oberseite der beiden Kuchenhälften mit der Konfitüre bestreichen und übereinanderlegen. Auch die Seiten mit Konfitüre bestreichen und etwas antrocknen lassen.

7. Für die Glasur das Wasser mit 200 g Zucker ca. 5 Minuten köcheln und für ca. 10 Minuten abkühlen lassen. In der Zwischenzeit die Zartbitterkuvertüre in kleine Stücke hacken und diese dann zu dem noch warmen Zuckerwasser hinzugeben. Nach und nach verrühren, bis sich die Kuvertüre auflöst und eine glatte Masse entsteht. Die Glasur vor dem Auftragen nochmals leicht abkühlen lassen und dabei immer wieder umrühren. Nun die Sachertorte zügig mit der Glasur bestreichen.

AMANDAS TIPP

Wer einmal in Wien zu Gast ist, der sollte unbedingt eine Sachertorte probieren. Neben dem original Café Sacher bieten auch viele Konditoreien ihre eigene Kreationen an. In Wien wird ein Stück Sachertorte traditionell mit Schlagobers und einer Wiener Melange serviert.

Basler Schoggitorf

Schweizer Schokoladentraum

Arbeitszeit: **ca. 25 Minuten** | Backzeit: **ca. 20 Minuten** |
Backtemperatur: **180 °C Ober-/Unterhitze / 160 °C Umluft**

ZUTATEN (FÜR 1 BACKBLECH)

Butter oder Margarine für das Blech
6 Eier (Größe M)
200 g Zucker
500 g Zartbitterschokolade
150 g Butter
1 Prise Salz
150 g Mehl
½ TL Backpulver

1. Den Backofen auf 180 °C Ober-/Unterhitze oder 160 °C Umluft vorheizen. Den Boden eines Backblechs mit Backpapier auslegen und die Ränder etwas mit Butter einfetten.

2. Als Erstes die Eier trennen. Die Eigelbe mit dem Zucker in eine Schüssel geben und mit den Rührbesen des Handrührgeräts aufschlagen, bis eine helle, cremige Masse entsteht.

3. Die Schokolade fein hacken und in einer Schüssel über leicht siedendem Wasser im Wasserbad schmelzen (aufpassen, dass kein Wasser in die Schokolade gelangt). Die Schokolade glatt rühren und mit der Butter unter die Eiermasse rühren.

4. Die Eiweiße mit Salz steif schlagen (s. Seite 12).

5. Das Mehl mit dem Backpulver mischen und abwechselnd mit dem Eischnee unter die Schokoladenmasse heben. Den Teig auf das vorbereitete Blech geben und in wenigen Zügen glatt streichen. Für ca. 20–25 Minuten backen. Nach dem Abkühlen in ca. 5 cm große Quadrate schneiden.

AMANDAS TIPP

Die Schweiz ist bekannt für feinste Schokolade. Dieses Rezept funktioniert auch prima mit Vollmilchschokolade.

Elsässer Gugelhupf

Abschlussfahrt Realschule 1999

Arbeitszeit: **ca. 35 Minuten** | Backzeit: **ca. 30 Minuten** | Backtemperatur: **200 °C Ober-/Unterhitze**

ZUTATEN (FÜR 1 GUGELHUPFFORM, Ø 24 CM)

150 g Rosinen
20 ml Apfelsaft
20 ml Kirschwasser
1 Handvoll ganze Mandeln
350 g Mehl
15 g frische Hefe
250 ml Milch
etwas Butter oder Margarine für die Form
5 g Salz
80 g Zucker
2 Eier (Größe M)
2 Eigelb (Größe M)
100 g Butter
Puderzucker

1. Zuerst die Rosinen in einem Sieb mit etwas heißem Wasser abspülen und abtropfen lassen. Mit Apfelsaft und Kirschwasser in einem Schüsselchen mischen und zugedeckt etwas ziehen lassen. Die Mandeln schälen (s. Amandas Tipp).

2. Für den Vorteig (s. auch S. 10) 140 g Mehl in eine Rührschüssel geben, in der Mitte eine kleine Mulde machen und die frische Hefe hineinbröckeln. 125 ml Milch leicht erwärmen, dazugeben und mit der Küchenmaschine kurz durchkneten. Mit einem Tuch abgedeckt für ca. 60 Minuten bei Zimmertemperatur gehen lassen.

3. In der Zwischenzeit eine Gugelhupfform mit Butter oder Margarine ausstreichen. Die geschälten Mandeln kranzförmig unten einlegen.

4. Die restlichen 125 ml Milch erwärmen. 210 g Mehl mit Salz und Zucker mischen und mit Eiern, Eigelben sowie der Milch zum Vorteig geben. Den Teig zuerst bei niedriger Stufe mit den Knethaken der Rührmaschine vermischen und dann in ca. 6–8 Minuten zu einem elastischen Hefeteig verkneten.

5. Dann die Butter in kleine Flöckchen schneiden, zum Teig geben und unterkneten. Abschließend noch die eingeweichten Rosinen gleichmäßig unterkneten. Den Teig in die vorbereitete Form füllen. Diese dann mit einem Tuch abdecken und den Gugelhupf für weitere 90 Minuten bei Zimmertemperatur gehen lassen.

6. Den Backofen auf 200 °C Ober-/Unterhitze vorheizen und bei Erreichen der Temperatur den Gugelhupf in ca. 25–30 Minuten backen. Dann aus dem Ofen nehmen und noch heiß vorsichtig auf ein Kuchengitter stürzen. Mit Puderzucker bestäuben.

AMANDAS TIPP

Ganze Mandeln schälen leicht gemacht: Mandeln in kochendes Wasser geben und ca. 1 Minute kochen lassen. Dann in ein Sieb geben und mit kaltem Wasser abschrecken. Anschließend lässt sich die Haut perfekt pulen. Statt Rosinen lassen sich für den Teig übrigens auch getrocknete Pflaumen, Cranberrys oder andere Trockenfrüchte verwenden!

Macarons

Vive la France! Bunt, klein, lecker

Arbeitszeit: **ca. 50 Minuten** | Backzeit: **ca. 14 Minuten** | Backtemperatur: **150 °C Ober-/Unterhitze**

ZUTATEN (FÜR CA. 15 MACARONS)

45 g gemahlene Mandeln (am besten geschält)
75 g Puderzucker
36 g Eiweiß
10 g Zucker
flüssige Lebensmittelfarbe
Konfitüre oder Nussnugatcreme zum Füllen

1. Für gelungene Macarons ist das genaue Abwiegen der Zutaten unglaublich wichtig und entscheidend für das perfekte Ergebnis. Daher sollte man eine digitale Waage verwenden und so genau wie möglich wiegen. Auch das Eiweiß sollte grammgenau abgewogen werden.

2. Ein Backblech mit Backpapier vorbereiten.

3. Zuerst die gemahlenen Mandeln mit dem Puderzucker in eine Schüssel geben, vermischen und dann mit der Mühle des Mixers fein mahlen. Diese Mischung dann 1–2 Mal durch ein feines Sieb sieben, bis nur noch ein feines Mandel-Puderzucker-Mehl übrig ist. Dies sorgt später beim Backen für die glatte Oberfläche der Macarons.

4. Nun das Eiweiß genau abwiegen und mit dem Rührgerät steif schlagen (s. Seite 12). Sobald das Eiweiß schaumig wird, den Zucker hineinrieseln lassen. Weiter schlagen, bis Spitzen stehen bleiben, wenn man die Rührstäbe aus der Masse hochzieht. Mit der Lebensmittelfarbe das Eiweiß einfärben. Nochmals ca. 1 Minute weiterschlagen, bis sich die Farbe komplett verteilt hat.

5. Den Eischnee in eine große Schüssel geben und das Mandel-Puderzucker-Gemisch in 3 Schritten hinzufügen. Jeweils mit einem Teigschaber vorsichtig unterheben, bis die Masse zähfließend und glänzend vom Schaber läuft.

6. Als Nächstes die Masse in einen Spritzbeutel mit runder Lochtülle (ca. 10–12 mm) füllen und ca. 2 cm breite Kleckse auf das Backpapier spritzen. Dabei jeweils etwas Abstand halten, da die Macarons beim Backen noch ein wenig auseinanderlaufen. Das Blech nun 2–3 Mal auf die Tischplatte klopfen, damit eventuelle Luftblasen entweichen können. 30 Minuten stehen lassen, damit die Macaronschalen etwas antrocknen können.

7. Den Backofen auf 150 °C Ober-/Unterhitze vorheizen. Die Macarons in den Ofen geben und die Temperatur etwas verringern (auf 145 °C). Die Backzeit beträgt je nach Ofen ca. 12–14 Minuten. Beim Backen sollten bei den Macarons die kleinen typischen »Füßchen« entstehen Das Blech aus dem Ofen nehmen, das Papier mit den Macarons vom Blech auf die Arbeitsfläche ziehen und die Schalen dort auskühlen lassen.

8. Jeweils 2 Macaronschalen mit Konfitüre zusammensetzen und leicht andrücken.

AMANDAS TIPP

Bei den Füllungen ist Kreativität gefragt. Von Buttercreme über Konfitüre bis hin zu Ziegenkäse mit Feige für herzhafte Macarons ist alles erlaubt!

Torta della Nonna

Kindheitserinnerungen an Bibione und Co.

Arbeitszeit: **ca. 60 Minuten** | Backzeit: **ca. 50 Minuten** |
Backtemperatur: **180 °C Ober-/Unterhitze / 160 °C Umluft**

ZUTATEN (FÜR 1 TARTEFORM, Ø CA. 28 CM)

Mürbeteig
160 g Butter
150 g Zucker
1 Prise Salz
3 Eier (Größe M)
Abrieb von ½ Bio-Zitrone
400 g Mehl
etwas Butter oder Margarine für die Form

Puddingcreme
750 ml Milch
1 Bio-Zitrone
3 Eier (Größe M)
1 Eigelb (Größe M)
Mark von 1 Vanilleschote
225 g Zucker
35 g Speisestärke
30 g Mehl

Topping
50 g Pinienkerne
etwas Puderzucker

1. Für den Mürbeteig die Butter in Stücke schneiden und mit 150 g Zucker, Salz, Eiern und Zitronenabrieb vermischen. Das Mehl hinzugeben und alle Zutaten rasch zu einem Teig verkneten. Diesen etwas flach drücken, in Frischhaltefolie wickeln und für ca. 30 Minuten in den Kühlschrank legen.

2. In der Zwischenzeit für die Puddingcreme die Milch in einen kleinen Topf geben. Die Zitrone heiß abwaschen und die Schale mithilfe eines Hobels oder eines Zestenreißers in grobe Stücke reißen. Zur Milch in den Topf geben und bei mittlerer Hitze erwärmen (nicht kochen).

3. In einer Schüssel Eier, Eigelb, Vanillemark, Zucker, Speisestärke und Mehl mit einem Schneebesen kräftig verrühren. Hierbei darauf achten, dass keine Klümpchen mehr vorhanden sind.

4. Sobald die Milch kurz vor dem Kochen ist, den Topf vom Herd nehmen und die Zitronenschale entfernen. Anschließend langsam die Eier-Mischung hinzugießen, dabei kräftig rühren. Den Topf zurück auf den Herd stellen und bei mittlerer Hitze unter stetigem Rühren die Masse zu einem Pudding einkochen. Sobald der Pudding dick wird, den Topf vom Herd nehmen.

5. Zum Abkühlen die Puddingmasse in eine flache Schale füllen und mit etwas Frischhaltefolie abdecken, sodass sich keine Haut bilden kann. Den Pudding vollständig auskühlen lassen.

6. Eine Tarteform mit etwas Butter oder Margarine einfetten und mit Mehl bestäuben. Den Backofen auf 180 °C Ober-/Unterhitze oder 160 °C Umluft vorheizen.

7. Den Mürbeteig aus dem Kühlschrank nehmen. Zwei Drittel des Teigs auf einer bemehlten Arbeitsfläche möglichst dünn ausrollen und die Form bis an den oberen Rand damit auslegen. Nun die Puddingcreme auf den Teig geben und glatt streichen.

8. Das restliche Drittel Teig ebenfalls ausrollen und als Deckel über die Puddingcreme legen. Den Rand dabei etwas festdrücken und abschließend den Deckel mit Pinienkernen bestreuen.

9. Die Torta della Nonna in der Mitte des Backofens für ca. 50–60 Minuten backen, dabei aufpassen, dass sie oben nicht zu dunkel wird.

10. Nach dem Backen vollständig auskühlen lassen und vor dem Servieren mit Puderzucker bestäuben.

AMANDAS TIPP

Gerade im Sommer schmeckt der Kuchen gut gekühlt am besten. Die Torta della Nonna dann erst kurz vor dem Servieren mit Puderzucker bestäuben.

Belgische Waffeln

Da hab ich gerne einen an der Waffel!

Arbeitszeit: **ca. 20 Minuten** | Backzeit: **ca. 3–5 Minuten** | Backtemperatur: **je nach Waffeleisen**

ZUTATEN (FÜR CA. 8–10 WAFFELN)

3 Eier (Größe M)
125 g Butter
75 g Zucker
1 Päckchen Vanillezucker
1 Prise Salz
250 g Mehl
1 Msp. Backpulver
250 ml Milch
100 ml Mineralwasser
etwas Margarine für das Waffeleisen
Puderzucker

1. Die Eier trennen und das Eiweiß in einer Schlüssel steif schlagen (s. Seite 12).

2. Butter, Zucker, Vanillezucker und Salz cremig rühren. Anschließend die Eigelbe dazugeben und schaumig schlagen, bis sich der Zucker etwas aufgelöst hat.

3. Das Mehl mit dem Backpulver mischen, sieben und abwechselnd mit der Milch dazugeben und verrühren. Danach das Mineralwasser unterrühren und zuletzt das geschlagene Eiweiß vorsichtig unterheben.

4. Ein Waffeleisen aufheizen, die Innenflächen mit etwas Margarine einfetten und nach und nach die Waffeln backen. Die fertigen Waffeln mit Puderzucker bestreuen.

AMANDAS TIPP

Belgische Waffeln stammen aus dem 19. Jahrhundert und werden auch heute oftmals noch mit Hefe als Triebmittel gemacht. Dieses Rezept ist allerdings mein Favorit. Noch etwas Kirschen, Ahornsirup oder Puderzucker drauf und der Tag ist gerettet.

Brunsviger

Mit der Fähre nach Dänemark

Arbeitszeit: c**a. 20 Minuten** | Backzeit: **ca. 25 Minuten** |
Backtemperatur: **200 °C Ober-/Unterhitze / 180 °C Umluft**

ZUTATEN (FÜR 1 BACKBLECH)

Hefeteig
450 ml Milch
1 ½ Würfel frische Hefe
180 g Butter
60 g Zucker
3 Eier (Größe M)
800 g Mehl
Butter oder Margarine für das Blech

Butter-Mischung
250 g Butter
250 g brauner Zucker

1. Zuerst die Milch lauwarm (nicht zu heiß) erhitzen und die Hefe in kleinen Stückchen darin auflösen. Butter, Zucker und Eier in eine Schüssel geben und mit dem Milch-Hefe-Gemisch mithilfe eines Handrührgeräts vermengen. Zum Schluss das Mehl dazugeben und zu einem zähen Hefe-Rührteig verarbeiten.

2. Den Boden eines Backblechs mit Papier auslegen und die Seiten mit etwas Butter einfetten. Den Teig auf dem Blech gleichmäßig verteilen, dies funktioniert am besten mit den Händen.

3. Nun das Blech für ca. 20 Minuten bei Zimmertemperatur stehen lassen, damit der Teig etwas gehen kann.

4. In der Zwischenzeit die Butter in einem kleinen Topf schmelzen lassen, anschließend den braunen Zucker hinzugeben und kurz aufkochen lassen. Den Topf vom Herd nehmen und etwas abkühlen lassen.

5. Den Backofen auf 200 °C Ober-/Unterhitze oder 180 °C Umluft vorheizen.

6. Mit einem Löffel oder den Fingern einige Vertiefungen in den Teig drücken (nicht zu tief) und die Butter-Zucker-Mischung gleichmäßig über den Teig verteilen.

7. Den Kuchen für ca. 25 Minuten backen. Nach dem Abkühlen am besten frisch genießen.

AMANDAS TIPP

Beim Backen wirft der Zucker gerne etwas Blasen. Bitte beim Herausnehmen des Kuchens aufpassen, dass ihr euch nicht am heißen Zucker verbrennt. Das Gleiche gilt auch für den Mund!

Butterpogatschen

Mitbringsel aus Budapest

Arbeitszeit: **ca. 40 Minuten** | Backzeit: **ca. 15 Minuten** |
Backtemperatur: **200 °C Ober-/Unterhitze / 180 °C Umluft**

ZUTATEN (FÜR CA. 50 STÜCK)

Teig
20 g frische Hefe
½ TL Zucker
3 EL lauwarme Milch
300 g Mehl
1 TL Salz
1 Msp. Pfeffer, gemahlen
120 g Butter
120 g Sauerrahm
1 Ei (Größe M)
etwas Mehl zum Kneten und Verarbeiten

Zum Bestreichen
1 Eigelb
2 EL Milch

Zum Bestreuen
Meersalz, Kümmel, Sesam oder geriebener Käse

1. Für den Teig die Hefe mit Zucker und Milch zu einem Brei verrühren.
2. 2 EL Mehl hinzugeben, verrühren und den Vorteig für ca. 15 Minuten bei Zimmertemperatur ruhen lassen.
3. Währenddessen das restliche Mehl mit Salz und Pfeffer in eine Knetschüssel geben. Die Butter in kleine Stücke schneiden und ringsum auf das Mehl legen. Ebenso den Sauerrahm und das Ei daraufgeben. Die schaumig aufgegangene Hefe hinzugeben und mit dem Knethaken der Küchenmaschine oder den Haken eines elektrischen Rührgeräts einen nicht zu festen Hefeteig zusammenkneten. Sollte der Teig zu weich sein, etwas Mehl nacharbeiten, bis ein glatter Hefeteig entsteht.
4. Den Teig mit einem Tuch abdecken und für ca. 45 Minuten bei Zimmertemperatur gehen lassen. In der Zwischenzeit 2 Backbleche mit Papier belegen und den Ofen auf 200 °C Ober-/Unterhitze oder 180 °C Umluft vorheizen.
5. Den aufgegangenen Hefeteig aus der Schüssel nehmen und auf eine gut mit Mehl bestreute Arbeitsfläche legen. Den Hefeteig mit einem Nudelholz ca. 1 cm dick ausrollen. Mit einem runden Ausstecher (oder einem Glas mit dünnem Rand) kreisrunde Teiglinge ausstechen und mit etwas Abstand auf die vorbereiteten Bleche legen. Nochmals ca. 20 Minuten gehen lassen.
6. Das Eigelb mit Milch verquirlen und die Pogatschen vor dem Backen damit bestreichen. Oben mit einem scharfen Messer kreuz und quer etwas einschneiden und nach Belieben mit Salz, Kümmel, Sesam oder Käse bestreuen.
7. Die Butterpogatschen für ca. 13–15 Minuten im Ofen backen, bis sie eine goldgelbe Farbe haben. Am besten frisch verzehren.

AMANDAS TIPP

Die ungarischen Butterpogatschen kann man nach dem Erkalten sehr gut auf Vorrat einfrieren und jederzeit wieder kurz aufgebacken genießen.

TIERISCHES
SPECIAL

Amandas »Spezifisch«-Kuchen

Hier ist der Name Programm!

Arbeitszeit: **ca. 25 Minuten** | Backzeit: **ca. 50 Minuten** |
Backtemperatur: **180 °C Ober-/Unterhitze / 160 °C Umluft**

ZUTATEN (FÜR 1 GUGELHUPF, Ø CA. 24 CM)

Teig
Butter oder Margarine für die Form
Semmelbrösel für die Form
4 Eier (Größe M)
250 ml Sonnenblumenöl
200 ml Orangenlimonade
200 ml Cola
200 g Zucker
1 Päckchen Vanillezucker
400 g Mehl
1 Päckchen Backpulver
40 g Kakao
100 g gehackte Mandeln

Guss
150 g Puderzucker
1 ½ TL Sonnenblumenöl
15 g Cola
15 g Orangenlimonade
20 g Knusper-Fische (aus dem Chips-Regal) zum Verzieren

1. Eine Gugelhupf-Form mit etwas Butter ausfetten, mit Semmelbröseln austreuen und diese leicht abklopfen.
2. Den Backofen auf 180 °C Ober-/Unterhitze oder 160 °C Umluft vorheizen.
3. Die Eier mit Sonnenblumenöl, Orangenlimonade, Cola, Zucker und Vanillezucker in einer Schüssel kräftig verrühren. Das Mehl mit Backpulver und Kakao mischen und sieben. Anschließend zusammen mit den Mandeln zu den flüssigen Zutaten geben. Nochmals kräftig durchrühren. Den Teig in die vorbereitete Form füllen und ca. 50 Minuten backen. Am besten eine Stäbchenprobe machen (mit einem Holzstäbchen in den Kuchen stechen – wenn kein flüssiger Teig mehr am Stäbchen hängt, ist der Kuchen fertig).
4. Den Kuchen kurz in der Form abkühlen lassen und dann zum vollständigen Auskühlen auf ein Gitter stürzen.
5. Den Puderzucker sieben und mit Öl, Cola und Orangenlimonade zu einem glatten Guss verrühren. Mit einem Pinsel den Kuchen ringsum und auch Im inneren des Kranzes bepinseln. Mit Knusper-Fischen verzieren und die Glasur trocknen lassen.

AMANDAS TIPP

Dieser Kuchen ist mein persönliches Highlight. Das Besondere daran ist, wenn man während des Essens drei Mal ganz laut SPEZIFISCH ruft, dann hat er fast keine Kalorien. Das ist doch wirklich spezifisch!
Die Schablone für die *Spezifische* zum Ausdrucken, Ausmalen und Ausschneiden findet ihr auf dieser Seite im Internet: www.amanda-fanshop.de/schablone

Hundekekse

Amandas Knabberei für Vierbeiner

Arbeitszeit: **ca. 30 Minuten** | Backzeit: **ca. 25 Minuten** |
Backtemperatur: **180 °C Ober-/Unterhitze / 160 °C Umluft**

ZUTATEN (FÜR CA. 40 HUNDEKEKSE JE NACH GRÖSSE)

50 g Karotten
300 g Vollkornmehl (Dinkel oder Weizen)
250 g feine Leberwurst
75 g feine Haferflocken
100 ml Milch
100 ml Wasser

1. Die Karotte fein raspeln und in einer Schüssel mit Vollkornmehl, Leberwurst, Haferflocken, Milch und Wasser mischen. Mit den Händen zu einem knetbaren Teig verarbeiten. Sollte der Teig kleben, noch etwas Mehl hinzugeben.

2. Den Teig in eine Folie wickeln und für ca. 30 Minuten im Kühlschrank ruhen lassen.

3. Den Ofen auf 180 °C Ober-/Unterhitze oder 160 °C Umluft vorheizen und ein Blech mit Backpapier belegen.

4. Den Teig auf einer gut bemehlten Arbeitsfläche ca. 5 mm stark ausrollen. Die Kekse mit einem Ausstecher in Knochenform ausstechen. Alternativ aus dem Teig eine Rolle formen, in Stücke schneiden, Kugeln formen und diese dann aufs Blech drücken, sodass ca. 5 mm dicke Taler entstehen. Die Kekse oder Taler auf dem Blech für ca. 25 Minuten backen.

5. Nach dem Backen die Ofentür öffnen und die Kekse im Ofen lassen. So können sie noch etwas trocknen. Die Hundekekse am Besten in einer Blechdose trocken aufbewahren.

AMANDAS TIPP

Diese Kekse sind ein Liebesbeweis an alle Vierbeiner. Wenn ich meinen Hund frage, wie ich aussehe, sagt er »Wau«! Deswegen hab ich ihn so lieb.

FRUCHTIGES

Bananenbrot

Die einen sagen, es ist Brot, Amanda sagt, es ist einfach nur lecker.

Arbeitszeit: **ca. 25 Minuten** | Backzeit: **ca. 55 Minuten** |
Backtemperatur: **180 °C Ober-/Unterhitze / 160 °C Umluft**

ZUTATEN (FÜR 1 KASTENFORM, CA. 23 X 13 CM)

etwas Butter oder Margarine für die Form
200 g Weizenmehl (Type 405)
3 sehr reife Bananen
80 ml Sonnenblumenöl (oder ein anderes neutrales Öl)
100 g brauner Zucker
2 Eier (Größe M)
3 TL Backpulver
½ TL Zimt
50 g Walnüsse, gehackt
1 Prise Salz
1 TL Vanillepaste oder
1 Päckchen Vanillezucker

1. Den Backofen auf 180 °C Ober-/Unterhitze oder 160 °C Umluft vorheizen. Die Kastenform mit etwas Butter ausfetten und mit etwas Mehl ausklopfen, sodass sich das Bananenbrot nach dem Backen gut löst.

2. Die reifen Bananen schälen, in kleine Stücke schneiden und mithilfe einer Gabel zu einem Brei zerdrücken. Dann das Sonnenblumenöl mit dem braunen Zucker und den Eiern verquirlen. Das Mehl mit Backpulver und Zimt vermischen. Walnüsse und Salz hinzugeben.

3. Die trockenen Zutaten mit dem Eier-Gemisch verrühren, Vanillepaste und Bananenpüree dazugeben und alles zu einer glatten Masse verrühren. Nun den Teig in die vorbereitete Kastenform füllen und für ca. 55 Minuten im Ofen backen. Das Bananenbrot nach dem Backen kurz abkühlen lassen und auf ein Gitter stürzen.

AMANDAS TIPP

Wer den gehackten Walnüssen ihr volles Aroma entlocken möchte, kann diese vor der Verarbeitung in einer Pfanne ohne Fett leicht anrösten! So schmeckt das Bananenbrot noch aromatischer. An dieser Stelle mal eine Frage: Was ist gesund, aber immer traurig? Ein Schmollkornbrot!

Mandarinen-Schmand-Kuchen

Der Lieblingskuchen vom Chef-Techniker

Arbeitszeit: **ca. 30 Minuten** | Backzeit: **ca. 25 Minuten** |
Backtemperatur: **180 °C Ober-/Unterhitze / 160 °C Umluft**

ZUTATEN (FÜR 1 BACKBLECH, CA. 35 X 25 CM)

125 g Butter oder Margarine
200 g Zucker
1 Päckchen Vanillezucker
4 Eier (Größe M)
300 g Mehl
1 Päckchen Backpulver
1 Prise Salz
200 ml Orangenlimonade
600 g Schlagsahne
3 Päckchen Sahnesteif
500 g Schmand
4 Päckchen Vanillezucker
3 Dosen Mandarinen
etwas Zimt zum Bestreuen

1. Den Backofen auf 180 °C Ober-/Unterhitze oder 160 °C Umluft vorheizen. Ein Backblech mit einem Bogen Backpapier auslegen und die Ränder etwas mit Margarine oder Butter einfetten.
2. Für den Teig die Butter mit Zucker, Vanillezucker und Eiern cremig schlagen. Das Mehl mit Backpulver und Salz vermischen und zum Teig geben. Zum Schluss die Orangenlimonade hinzugeben und alles miteinander verrühren. Die Masse auf das vorbereitete Blech streichen und im vorgeheizten Backofen ca. 25 Minuten backen. Anschließend vollständig auskühlen lassen.
3. Für die Creme die Sahne mit Sahnesteif steif schlagen und zur Seite stellen. In einer weiteren Schüssel den Schmand mit dem Vanillezucker verrühren. Die Mandarinen gut abtropfen lassen und unter den Schmand rühren. Zum Schluss die Sahne unterheben und die Creme anschließend auf den abgekühlten Teigboden geben und glatt streichen.
4. Den Kuchen fein mit Zimt überstäuben und kalt stellen.

AMANDAS TIPP

Wenn gerade Erdbeersaison ist, einfach mal die Mandarinen durch frische Erdbeeren ersetzen und statt Zimt geraspelte weiße Schokolade über den Kuchen streuen.

Himbeer-Tarte mit Mandeln

Himbeere küsst Mandel

Arbeitszeit: **ca. 35 Minuten** | Backzeit: **ca. 40 Minuten** | Backtemperatur: **180 °C Ober-/Unterhitze / 160 °C Umluft**

ZUTATEN (FÜR 1 TARTEFORM, Ø 26 CM)

Mürbeteig

125 g Butter
200 g Weizenmehl
1 Ei (Größe M)
60 g Zucker
Abrieb von ½ Bio-Zitrone
etwas Margarine für die Form
100 g gemahlene Mandeln

Füllung

100 g Butter
100 g Zucker
100 g gehobelte Mandeln
1 Päckchen Vanillezucker
3 Eier (Größe M)
2 EL Himbeerlikör
200 g frische Himbeeren

1. Für den Mürbeteig Butter, Mehl, Ei, Zucker und Zitronenabrieb rasch zu einem glatten Teig verkneten. Den Teig in Folie wickeln und für ca. 20 Minuten kalt stellen. Eine Tarteform mit etwas Margarine ausfetten. Dann den Teig ausrollen, die Tarteform damit auslegen und mit einer Gabel einige Male einstechen.

2. Den Backofen auf 180 °C Ober-/Unterhitze oder 160 °C Umluft vorheizen.

3. Für die Füllung die Butter auflösen und mit dem Zucker und den Mandeln mischen. Den Vanillezucker und die Eier dazugeben und die Masse mit dem Handrührgerät auf höchster Stufe ca. 3 Minuten aufschlagen, bis eine dicke, hellgelbe Masse entsteht. Zum Schluss den Himbeerlikör unterheben.

4. Diese Masse gleichmäßig auf dem vorbereiteten Mürbeteig verstreichen. Die Himbeeren einzeln mit der Öffnung nach unten auf die Mandelmasse setzen. Zum Abschluss die Mandelblättchen darüberstreuen.

5. Die Tarte in der Mitte des Backofens für ca. 40 Minuten backen.

AMANDAS TIPP

Wer keinen Likör verwenden will, kann diesen einfach weglassen. Schmeckt immer noch lecker genug!

Gedeckter Apfelkuchen

Ein Klassiker am Kuchenbuffet

Arbeitszeit: **ca. 40 Minuten** | Backzeit: **ca. 40–45 Minuten** | Backtemperatur: **190 °C Ober-/Unterhitze / 170 °C Umluft**

ZUTATEN (FÜR 1 SPRINGFORM, Ø 26 CM)

Mürbeteig
300 g Weizenmehl
50 g gemahlene Mandeln
1 TL Backpulver
180 g Butter
100 g Zucker
1 Ei (Größe M)

Apfelbelag
70 g Rosinen
2 EL Apfelsaft
1100 g Äpfel (säuerliche Sorte, z. B. Boskop, Elstar)
2 EL Zitronensaft
80 g Zucker
1 Päckchen Vanillezucker
1 TL Zimt
1 EL Vanillepuddingpulver
50 g gehackte Mandeln
Margarine und Mehl für die Form
50 g gemahlene Mandeln

Guss
100 g Puderzucker, gesiebt
3 EL Zitronensaft

1. Für den Mürbeteig das Mehl mit 50 g gemahlenen Mandeln, Backpulver, Butter, Zucker und Ei zu einem glatten Teig verkneten. Diesen in drei etwa gleiche Teile teilen und in Folie gewickelt für ca. 45 Minuten kalt stellen.

2. Für den Belag in der Zwischenzeit die Rosinen in Apfelsaft einweichen und die Apfelfüllung vorbereiten. Hierzu die Äpfel schälen, entkernen, in ca. 1 cm große Würfel schneiden und in einem Topf mit Zitronensaft mischen. Zucker, Vanillezucker und Zimt hinzugeben und ca. 5 Minuten auf dem Herd bei leichter Hitze dünsten lassen. Sollten die Äpfel viel Wasser ziehen, dieses etwas abgießen. Nun das Puddingpulver unterrühren und noch einmal kurz köcheln lassen. Zum Schluss die gehackten Mandeln unterrühren.

3. Den Backofen auf 190 °C Ober-/Unterhitze oder 170 °C Umluft vorheizen. Eine Springform mit etwas Margarine einfetten und mit Mehl bestäuben. Den Teig aus dem Kühlschrank nehmen und eine Teigkugel für die Teigdecke auf einer leicht bemehlten Arbeitsfläche ausrollen. Mit dem Springformrand ausschneiden, in den Kühlschrank legen. Aus den beiden anderen Teigkugeln einen Boden ausrollen und einen ca. 3 cm hohen Rand formen. Den Boden mehrmals mit einer Gabel einstechen und dann mit 50 g gemahlenen Mandeln bestreuen.

4. Die Apfelmasse nun mit den Rosinen vermischen und auf dem Boden verteilen. Die Teigdecke vorsichtig auf den Kuchen legen, dabei die Ränder gut festdrücken. Die Kuchendecke ebenfalls mehrfach mit einer Gabel einstechen.

5. Den Kuchen im vorgeheizten Ofen ca. 40–45 Minuten backen und anschließend in der Form abkühlen lassen.

6. Für den Guss den Puderzucker mit Zitronensaft vermischen, sodass er eine zähflüssige Konsistenz hat. Abschließend auf dem Kuchen verteilen.

AMANDAS TIPP

Wer Äpfel mit Birnen vergleicht, diskriminiert Bananen. Oder so ähnlich. Für dieses Rezept kann man aber auch gerne mal die Äpfel durch Birnen ersetzen.

Erdbeer-Butter-Streuselkuchen

Mit Quark-Öl-Teig eine süße, schnelle Nummer

Arbeitszeit: **ca. 20 Minuten** | Backzeit: **ca. 30–35 Minuten** | Backtemperatur: **180 °C Ober-/Unterhitze**

ZUTATEN (FÜR 1 BACKBLECH, CA. 30 X 20 CM)

Belag
250–300 g Erdbeeren

Streusel
80 g kalte Butter, gewürfelt
90 g Zucker
¼ TL gemahlene Vanille
½ TL Zimt
140 g Weizenmehl
½ Ei-Zubereitung

Quark-Öl-Teig
450 g Weizenmehl
1 Packung Backpulver
190 g Zucker
100 ml Milch
100 ml Sonnenblumenöl
1 TL gemahlene Vanille
1 Ei (Größe M)
250 g Quark
50 g kalte kleine Butterflöckchen

1. Die Erdbeeren waschen, vom Stil befreien und je nach Größe halbieren oder vierteln. Backofen auf 180 °C Ober-/Unterhitze vorheizen.

2. Für die Streusel alle Zutaten in eine Schüssel geben und zu einem krümeligen Teig kneten.

3. Alle Zutaten für den Teig in eine Rührschüssel geben. Mit den elektrischen Knethaken kurz zu einem elastischen Teig kneten, sodass der Teig gerade gebunden ist.

4. Den Teig in die Form geben und mit etwas Mehl gleichmäßig verteilen. Mit den Fingern über die gesamte Fläche gleichmäßig Vertiefungen drücken und die Butterflöckchen hineingeben. Die Erdbeeren auf dem Teig verteilen und sachte andrücken. Die Streusel darüberkrümeln und für 30–35 Minuten backen.

5. Mit Sahne oder pur genießen.

AMANDAS TIPP

Als Variante kann man die Hälfte der Erdbeeren durch Himbeeren oder auch Heidelbeeren ersetzen!

Heidelbeer-Schoko-Käsekuchen (No Bake)

Ein Traum mit weißer Schokolade

Arbeitszeit: **ca. 60 Minuten** | Kühlzeit: **4 1/2 Stunden**

ZUTATEN (FÜR 1 FORM, Ø 22 CM)

Boden
200 g Butterkekse
140 g Butter
2 gehäufte EL Backkakao
1 EL Zucker
¼ TL Vanilleextrakt
1 Prise Salz

Füllung
200 g TK-Heidelbeeren
1 EL Zitronensaft
4 EL Gelierzucker 1:2 230 g
weiße Schokolade
250 g Mascarpone
300 g Frischkäse
3 EL San-apart
300 ml Sahne

Belag
frische Heidelbeeren
weiße Schokolade

1. Die Butterkekse in einem Multizerkleinerer oder alternativ in einem Gefrierbeutel mit einem Rollholz sehr fein mahlen. Die Butter schmelzen. In einer Schale Keksmehl, Kakao, Zucker, Vanille und Salz miteinander gut vermischen. Eine Springform auf dem Boden mit Backpapier auskleiden und mithilfe einer Löffelrückseite den Teig zu einem Boden und einem ca. 4 cm hohen Rand formen. Für 30 Minuten in den Kühlschrank stellen.

2. In der Zwischenzeit die gefrorenen Heidelbeeren mit dem Zitronensaft in einen kleinen Topf geben und bei mittlerer Hitze auftauen lassen, dabei immer wieder umrühren. Den Gelierzucker dazugeben und alles für gut 4 Minuten köcheln lassen. Von der Platte nehmen und 15 Minuten abkühlen lassen. Mit einem Stabmixer die Heidelbeeren pürieren.

3. Die weiße Schokolade grob hacken. Über einem Wasserbad schmelzen und etwas abkühlen lassen. Mascarpone, Frischkäse und San-apart mit den Schneebesen von Handmixer oder Küchenmaschine glatt rühren. Die Sahne dazugeben und so lange rühren, bis die Masse cremig ist. Nun langsam die geschmolzene Schokolade unterrühren. Zum Schluss die Heidelbeeren hinzufügen. Die Füllung in die Springform geben und verstreichen. Frische Heidelbeeren auf der Creme verteilen und ganz leicht festdrücken. Für mindestens 4 Stunden in den Kühlschrank stellen, damit die Masse fest werden kann.

4. Vor dem Servieren weiße Schokolade hobeln und auf den Kuchen streuen.

AMANDAS TIPP

Wer eine Springform mit einem Durchmesser von ca. 26 cm verwenden möchte, nimmt nochmal die Hälfte des Rezepts zusätzlich dazu. Etwas anderes käme mir nicht ins Haus, wer will schon kleine Kuchen!

Zitronenkuchen

Sauer macht lustig!

Arbeitszeit: **ca. 15 Minuten** | Backzeit: **ca. 55–60 Minuten** | Backtemperatur: **190 °C Ober-/Unterhitze**

ZUTATEN (FÜR 1 KASTENFORM, 20 CM)

Teig
300 g Weizenmehl
2 ½ TL Backpulver
1 TL Natron
3 Eier (Größe M)
175 g Zucker
200 g weiche Butter oder Margarine
Abrieb von 2 Zitronen
150 ml Milch
20 ml Zitronensaft
70 g saure Sahne

Guss
ca. 200 g Puderzucker
2–3 TL Zitronensaft
1 TL Milch (nach Bedarf)

1. Den Backofen auf 190 °C Ober-/Unterhitze vorheizen. Die Kastenform mit Packpapier auslegen

2. Mehl, Backpulver und Natron in einer separaten Schüssel mischen. In einer Rührschüssel die Eier mit dem Zucker dick-weißschaumig mit den Schneebesen von Küchenmaschine oder Handmixer aufschlagen. Butter und Zitronenabrieb dazugeben und zu einer glatten Masse rühren. Milch, Zitronensaft, saure Sahne und die trockenen Zutaten dazugeben. Alles fix zu einem Teig verrühren. Nicht zu lange, da der Kuchen dann nicht so luftig wird.

3. Den Teig in die Form geben und glatt streichen. Auf mittlerem Einschub 55–60 Minuten (Stäbchenprobe machen) backen. Aus der Form heben und auf einem Kuchengitter komplett auskühlen lassen

4. Für den Guss den Puderzucker sieben und mit dem Zitronensaft glatt rühren. Der Guss sollte dick und zäh sein und nur schwerfällig vom Löffel rutschen. Er muss sich aber noch bewegen, sonst ist die Masse zu fest. Je nachdem, ob zu flüssig oder zu fest, entweder mehr Puderzucker oder mehr Flüssigkeit verarbeiten.

AMANDAS TIPP

Im Sommer den Kuchen vor dem Servieren in den Kühlschrank stellen. Kalt schmeckt er noch fruchtiger und erfrischender!

Mohn-Käsekuchen-Schnecken mit Kirschen

Auch Nilpferde lieben Schnecken!

Arbeitszeit: **ca. 45 Minuten + Ruhezeit** | Backzeit: **ca. 15–18 Minuten** | Backtemperatur: **190 °C Ober-/Unterhitze**

ZUTATEN (FÜR 1 BACKBLECH, CA. 40 X 25 CM)

Hefeteig
650 g Weizenmehl Type 550
120 g Zucker
½ TL gemahlener Kardamom
½ Fläschchen Vanillearoma
½ Fläschchen Zitronenöl oder -aroma
1 ½ Tütchen Trockenhefe oder ¾ Würfel frische Hefe
200 ml handwarme Milch
70 ml handwarmes Wasser
120 g weiche Butter
50 g geschmolzene Butter
3–4 EL gemahlener Graumohn

Käsemasse
300 g Frischkäse, Doppelrahmstufe
200 g Crème fraîche
4 gestrichene TL Vanillepudding-Pulver
100 g Zucker
4 gehäufte EL gemahlener Graumohn
ca. 350 g Kirschen (frisch oder aus dem Glas)

Streusel
50 g weiche Butter
80 g Zucker
½ TL Vanilleextrakt
110–130 g Mehl

1. Mehl und Zucker (2 EL zurückbehalten) mit Kardamom, Vanille und Zitronenöl in eine große Rührschüssel geben und mischen. Eine Vertiefung mittig in das Mehl drücken. Milch und Wasser mischen. Die Hefe mit 1 EL Zucker darin auflösen und in die Mulde gießen. Mit etwas Mehl vom Rand bestäuben und mit Frischhaltefolie abgedeckt 15 Minuten gehen lassen. Die weiche Butter dazugeben und alles mit den Knethaken von Küchenmaschine oder Handmixer 8–10 Minuten durchkneten, damit der Teig später wunderbar luftig wird. Mit Frischhaltefolie abdecken und an einem warmen Ort für 90 Minuten gehen lassen.

2. Den Frischkäse mit Crème fraîche, Vanillepuddingpulver, Zucker und Mohn glatt rühren. Die Kirschen waschen und entsteinen oder aus dem Glas gießen und abtropfen lassen.

3. Den Teig auf eine leicht bemehlte Arbeitsfläche geben, kurz durchkneten. Mit einem Rollholz ein ca. 50 x 40 cm großes Rechteck ausrollen. Dabei darauf achten, dass die Ränder gleichmäßig ausgerollt sind. Die geschmolzene Butter mit einem Pinsel dünn auf den Teig auftragen. Den Mohn gleichmäßig daraufstreuen. Das Rechteck von der langen Seite aufrollen und die Enden sanft zusammenschieben, sodass die Rolle überall gleichmäßig dick ist.

4. Ein Backblech oder eine Auflaufform mit Backpapier auslegen. Den Backofen auf 190 °C Ober-/Unterhitze vorheizen. Die Teigrolle mit einem scharfen Messer in gleichmäßig dicke Scheiben von etwa 2 ½ cm schneiden. Die Enden des Teigs unter die Schnecken stecken und mit etwas Abstand auf das Backblech setzen. Die Mitte der Schnecken bis auf den Boden und etwas auseinanderdrücken, sodass eine große Mulde entsteht. Einen gut gefüllten Löffel Käse-Mohn-Masse in die Mulde geben.

Guss (optional)
½ Paket Puderzucker
1–2 TL Frischkäse

4–5 Kirschen daraufsetzen und leicht eindrücken. Für die Streusel die Zutaten miteinander verkneten, bis ein krümeliger Teig entsteht. Diesen über die Schnecken verteilen und dann für 15–18 Minuten gold-gelb backen.

5. Für den Guss Puderzucker und Frischkäse mit dem Handmixer aufschlagen und über die warmen Schnecken geben.

AMANDAS TIPP

Mohn ist nicht jedermanns Sache. Wer keinen Mohn mag, der muss etwas anderes backen! In diesen Schnecken ist der Mohn Pflicht.

Bratapfel-Rahmtarte

Ein Klassiker im modernen Gewand

Arbeitszeit: **ca. 30 Minuten** | Backzeit: **ca. 35 Minuten** | Backtemperatur: **190 °C Ober-/Unterhitze**

ZUTATEN (FÜR 1 TARTEFORM, Ø 23 CM)

1 Rolle frischer, runder Blätterteig
150 g saure Sahne
150 g Schmand
2 Eier (Größe M)
½ Päckchen Vanillepuddingpulver
1 Fläschchen Butter-Vanille-Aroma
100 g Zucker plus 2 TL mehr
½ TL Zimt oder Lebkuchengewürz
40 g gemahlene Mandeln
100 g Rumrosinen
100 g Marzipanrohmasse
3–4 mittelgroße, säuerliche, feste Äpfel
gehobelte Mandeln zum Bestreuen
1 verquirltes Ei zum Bestreichen

1. Den Blätterteig etwa 10 Minuten vor dem Verarbeiten aus dem Kühlschrank nehmen. Eine Tarteform bereitstellen.

2. Für die Füllung saure Sahne, Schmand, Eier, Vanillepuddingpulver, Vanillearoma und 100 g Zucker glatt rühren. Zimt und 2 TL Zucker vermischen, beiseite stellen.

3. Den Blätterteig in die Tarteform setzen, an den Rand schieben und in Form drücken. Überstehende Ecken belassen. Boden und Rand des Teigs ringsherum mit einer Gabel einstechen. Die Mandeln auf den Boden streuen und die Rumrosinen darauf verteilen. Das Marzipan in Stückchen zupfen und gleichmäßig verteilen. Die Rahmfüllung daraufgießen und glatt streichen.

4. Den Backofen auf 190 °C Ober-/Unterhitze vorheizen. Die Äpfel waschen, halbieren und das Kerngehäuse entfernen. In dünne Spalten schneiden und in der richtigen Reihenfolge belassen. So gefächert in die Form auf die Füllung setzen und mit gehobelten Mandeln bestreuen. Den Teigrand einrollen und in Form drücken. Mit verquirltem Ei bestreichen und 35 Minuten backen.

5. Vor dem Servieren, wer mag, mit etwas Puderzucker bestäuben.

AMANDAS TIPP

Wer keine Rosinen mag, kann sie durch andere Trockenfrüchte ersetzen oder auch ganz weglassen.

HERZHAFTES,
BROT UND
BRÖTCHEN

Knäckebrot

Ein Mitbringsel aus Schweden

Arbeitszeit: **ca. 10 Minuten** | Backzeit: **ca. 55 Minuten** | Backtemperatur: **170 °C Ober-/Unterhitze / 150 °C Umluft**

ZUTATEN (FÜR 2 BACKBLECHE)

120 g Weizenmehl oder Dinkelmehl
100 g zarte Haferflocken
75 g Sonnenblumenkerne
50 g Kürbiskerne
50 g Sesam
1 Prise Salz
350 ml Wasser
2 EL Olivenöl
Leinsamen zum Bestreuen (nach Belieben)

1. Den Backofen auf 170 °C Ober-/Unterhitze oder 150 °C Umluft vorheizen. Zwei Backbleche mit Backpapier belegen.
2. Alle trockenen Zutaten (bis auf die Leinsamen) mit Wasser und Olivenöl in einer Rührschüssel mit einem Löffel verrühren.
3. Den Teig halbieren und mithilfe eines Teigschabers oder Löffels dünn auf zwei Bleche streichen. Hierbei auf halbwegs gerade Kanten achten und die Masse nicht komplett bis an den Blechrand streichen. Je nach Größe der Fläche variiert dann auch die Stärke des Knäckebrots.
4. Nach Belieben den Teig nun mit Leinsamen oder auch anderen Saaten bestreuen. Hier sind der Fantasie keine Grenzen gesetzt.
5. Im vorgeheizten Ofen 15 Minuten backen. Kurz herausnehmen und mit einem Pizzaschneider in Stücke schneiden. Dies ist zu diesem Zeitpunkt ganz wichtig, weil sich das Knäckebrot nach dem Backen nicht mehr schneiden lässt.
6. Anschließend weitere 40 Minuten backen, bis das Knäckebrot schön knusprig aussieht. Auf dem Blech abkühlen lassen.

AMANDAS TIPP

Das Rezept hat Sebastian von der Insel Gotland mitgebracht – dort steht auch die Villa Kunterbunt von Pippi Langstrumpf. Wer das Knäckebrot aufbewahren möchte, was mir nicht passieren würde, sollte es stets trocken und luftdicht lagern, da es sonst weich wird (am besten in einer Blechdose).

Fränkisches Bauernbrot

Ihr werdet es immer und immer wieder backen!

Arbeitszeit: **ca. 45 Minuten** | Backzeit: **ca. 60 Minuten** | Backtemperatur: **250 °C/200 °C Ober-/Unterhitze**

ZUTATEN (FÜR 1 LAIB BROT)

Vorteig

250 g lauwarmes Wasser
3 g frische Hefe
250 g Roggenmehl (Type 1150)

Brotteig

220 g Roggenmehl (Type 1150)
190 g Weizenmehl (Type 550)
200 g lauwarmes Wasser
12 g Salz
6 g frische Hefe
6 g Honig
6 g Backmalz
5 g Brotgewürz
1–2 EL Kümmel

1. 16–20 Stunden vor dem Backen zunächst einen Vorteig (s. auch Seite 10) ansetzten. Hierzu das Wasser mit der Frischhefe in einer Plastikschüssel verrühren und mit dem Roggenmehl vermischen. Die Schüssel mit einem Tuch abdecken und einen Teller darauflegen. Bei Zimmertemperatur arbeitet der Vorteig nun für ca. 16–20 Stunden und reift zu einem Sauerteig.

2. Für den Brotteig den gereiften Vorteig in die Rührschüssel der Küchenmaschine geben und mit Mehl, Wasser, Salz, Hefe, Honig, Backmalz, Brotgewürz und Kümmel mischen.

3. Den Teig nun mit dem Knethaken der Küchenmaschine für 2 Minuten langsam und für weitere 2–3 Minuten schneller kneten. Ohne Küchenmaschine kann man die Zutaten auch mit den Knethaken des Rührgerätes oder den Händen verarbeiten und zu Ende kneten.

4. Die Schüssel nun nochmals mit einem Tuch abdecken und den Teig für ca. 20 Minuten gehen lassen.

5. Derweil ein Gärkörbchen (alternativ ein Sieb mit einem Leinentuch auslegen) vorbereiten.

6. Den Teig nun nochmals durchkneten und zu einem Brotlaib formen. Hierbei Spannung auf den Teig bringen. Das Brot nun mit dem Schluss nach unten in das Gärkörbchen legen, mit einem Tuch abdecken und für weitere 45 Minuten gehen lassen.

7. Den Backofen auf 250 °C Ober-/Unterhitze vorheizen, dabei das verwendete Blech bereits in den Ofen geben!

8. Das Brot aus dem Körbchen nun auf das heiße Blech stürzen und dieses mit Dampf (s. Amandas Tipp) in den Ofen schieben. Nach 10 Minuten den Dampf durch das Öffnen der Ofentür ablassen und die Temperatur auf 200 °C reduzieren. So backt das Brot für ca. 45–50 Minuten zu Ende.

9. Das Brot aus dem Ofen nehmen und auf einem Gitter abkühlen lassen.

AMANDAS TIPP

Für eine krosse Brotkruste braucht das Brot in den ersten 10 Minuten Dampf! Stellt entweder ein kleines, feuerfestes Schälchen mit Wasser gefüllt mit in den Ofen oder sprüht mit einer Sprühflasche Wasser hinein. Auch ein paar Eiswürfel, die ihr in ein Metallschälchen im Ofen werft, bringen den gewünschten Effekt.

Laugengebäck

Ein Bäckereiklassiker für den eigenen Backofen

Arbeitszeit: **ca. 45 Minuten + Ruhezeit** | Backzeit: **ca. 20–25 Minuten** | Backtemperatur: **220 °C Ober-/Unterhitze**

ZUTATEN (FÜR CA. 9 GEBÄCKSTÜCKE)

280 g Wasser
15 g frische Hefe
500 g Dinkelmehl (Type 630) oder
500 g Weizenmehl (Type 550)
10 g Salz
15 g Zucker
40 g Butter
10 g Salz
60 g Kaisernatron (Backnatron)

Zum Bestreuen (nach Belieben)
grobes Salz, z. B. Meersalz
Sesam
Mohn

1. Für den Teig das Wasser (kalt, maximal handwarm!) in einen Messbecher oder eine kleine Rührschüssel geben und darin die Hefe auflösen. Mehl, Salz, Zucker und Butter in die Schüssel einer Knetmaschine geben. Nun die angerührte Hefeflüssigkeit dazugießen und den Teig bei langsamer Geschwindigkeit mit dem Knethaken ca. 2–3 Minuten kneten. Anschließend die Maschine nochmals für ca. 5 Minuten etwas schneller laufen lassen, bis ein glatter, elastischer Teig entsteht. Diesen dann von Hand kurz durchkneten und für ca. 40 Minuten abgedeckt in einer Schüssel etwas ruhen lassen. Der Teig kann auch ohne Maschine hergestellt werden, hierbei sollte man die Knetzeit um ca. 1–2 Minuten verlängern.

2. In der Zwischenzeit die Lauge herrichten: Hierfür 2 l Wasser in einen großen Topf (mit mindestens 3 l Fassungsvermögen) geben und aufkochen. Salz und Natron bereitstellen.

3. Nach der sogenannten »Teigruhe« den Laugengebäckteig nochmals kurz durchkneten. Ca. 90 g schwere Teiglinge abwiegen. Die einzelnen Stücke dann zu Stangen rollen oder zu Brötchen »schleifen« (s. Seite 16). Eine Laugenstange ergibt auch 4 Stück Laugenkonfekt, hierzu einfach die Stange in 4 Stücke schneiden.

4. Jetzt Salz und Natron in das kochende Wasser geben. (Vorsicht, das Wasser schäumt kurz kräftig auf!) Die Teiglinge (maximal 3 Stück pro Tauchgang) nun mit einer Schaumkelle für ca. 30–45 Sekunden in die heiße Lauge geben. Dabei das Gebäck wenden. Die Teiglinge anschließend mit der Unterseite auf das mit Backpapier belegte Blech setzen.

5. Wenn alle Teigstücke gebadet haben, mithilfe eines Pinsels nochmals etwas Lauge auf das Gebäck geben und sofort mit Salz oder Saaten bestreuen. Mit einem sehr scharfen Messer (oder einer Rasierklinge) die Brötchen oder Stangen leicht schräg einschneiden.

6. Für ca. 20–25 Minuten bei 220 °C Ober-/Unterhitze im Ofen backen.

AMANDAS TIPP

Hab Sonne im Herzen und Laugengebäck im Bauch, denn dann bist du fröhlich und satt bist du auch! Apropos Sonne: Man kann aus dem Teig auch kleinere Brötchen formen, diese mit verschiedenen Körnern bestreuen und zu einer »Partysonne« auf dem Blech aneinanderlegen.

Burger-Buns

oder wie mein Papa sagen würde: »Hamburgerbrödle«

Arbeitszeit: **ca. 45 Minuten + Ruhezeit** | Backzeit: **ca. 18 Minuten** | Backtemperatur: **200 °C Ober-/Unterhitze**

ZUTATEN (FÜR 9 BURGER-BUNS)

200 ml handwarmes Wasser
40 g Milch
35 g Zucker
1 Würfel frische Hefe (42 g), zerbröselt
500 g Weizenmehl (Type 550)
8 g Salz
1 Ei (Größe M)
80 g weiche oder flüssige Butter

Zum Bestreichen
1 Ei
2 EL Wasser
2 EL Milch
Sesam zum Bestreuen

1. Zuerst das warme Wasser (nicht heiß!) und Milch in eine Schüssel geben. Den Zucker untermischen und die Hefe unterrühren. Diese Mischung für einige Minuten stehen lassen.

2. Anschließend Mehl, Salz, 1 Ei und Butter hinzugeben. In 5 Minuten zu einem geschmeidigen, seidig-glänzenden Teig verkneten.

3. Den Teig jetzt abgedeckt an einem warmen Ort für ca. 30 Minuten gehen lassen. Nach der Gehzeit den Teig in 9 Stücke teilen (Teigeinwaage pro Bun ca. 100 g). Dazu auf die Arbeitsplatte etwas Mehl geben, da der Teig nach dem Ruhen leicht kleben kann. Die Teiglinge rund »schleifen« (s. Seite 16) und diese dann mit dem Abschluss nach unten auf ein mit Backpapier belegtes Backblech legen. Hierbei die Brötchen zu einer flachen, runden Scheibe mit ca. 8–9 cm Durchmesser drücken.

4. Die Teiglinge auf dem Blech mit einem Tuch abdecken und nochmals eine gute halbe Stunde gehen lassen.

5. In der Zwischenzeit das Ei mit Wasser und Milch verquirlen. Hierbei darauf achten, dass die Zutaten Zimmertemperatur haben. Sind sie zu kalt, sacken die Teiglinge zusammen. Nach der Ruhezeit die Buns ringsum mit der Mischung bestreichen und mit Sesam bestreuen.

6. Den Backofen auf 200 °C (Ober-/Unterhitze) vorheizen. Die Burger-Buns für ca. 18 Minuten backen, bis die Oberfläche goldbraun ist. Auf einem Kuchengitter auskühlen lassen.

AMANDAS TIPP

Es muss nicht immer Sesam sein! Man kann die Buns natürlich auch nackig lassen oder aber seiner Kreativität freien Lauf lassen: Röstzwiebeln, Mohn und Schwarzkümmel eignen sich prima als Topping, bevor es in den Backofen geht. Wenn Buns übrig sind (könnte mir nicht passieren), lassen sich diese prima einfrieren.

Eiweißbrot

Ei glaubt nicht, Eiweiß! Gesundes Brot zur Eiweißverwertung

Arbeitszeit: **ca. 30 Minuten** | Backzeit: **ca. 45–50 Minuten** | Backtemperatur: **180 °C Ober-/Unterhitze / 160 °C Umluft**

ZUTATEN (FÜR 1 KLEINES KASTENBROT, LÄNGE CA. 25 CM)

50 g gemahlene Mandeln plus etwas mehr zum Bestreuen
50 g gemahlene Walnüsse
50 g Dinkelvollkornmehl
1 TL Salz
50 g geschrotete Leinsamen
50 g Sesam
2 EL Chia-Samen
2 EL Sonnenblumenkerne
2 EL Kürbiskerne
1 Päckchen Backpulver
250 g Magerquark
6 Eiweiß (Größe M)
etwas Margarine zum Einfetten
gemahlene Mandeln für die Form
Sonnenblumenkerne zum Bestreuen

1. Den Backofen auf 180 °C Ober-/Unterhitze oder 160 °C Umluft vorheizen.

2. Als Erstes die Mandeln und Walnüsse mit Mehl, Salz, Leinsamen, Sesam, Chia-Samen, Sonnenblumen- und Kürbiskernen und dem Backpulver in einer Schüssel vermischen.

3. Dann Magerquark und Eiweiß dazugeben und alles mit den Knethaken des Rührgeräts oder den Händen verkneten. Eine Kastenform mit etwas Margarine ausfetten und mit gemahlenen Mandeln leicht ausstreuen.

4. Nun den Teig in die Form einfüllen und mit ein paar Sonnenblumenkernen bestreuen.

5. Das Brot im vorgeheizten Ofen ca. 45 Minuten backen und anschließend mindestens 20 Minuten in der Form auskühlen lassen. Dann herausnehmen und auf einem Gitter vollständig auskühlen lassen.

AMANDAS TIPP

Dieses Rezept eignet sich perfekt, um Eiweiß zu verbrauchen. Wer wiederum Eigelbe übrig hat, dem empfehle ich folgende Möglichkeiten zur Verwertung: Spaghetti Cabonara, Crème Brulée, Eierlikör und Käsekuchen. Genau in dieser Reihenfolge.

Pizzaschnecken

Ein Hingucker auf dem Party-Buffet

Arbeitszeit: **ca. 60 Minuten** | Backzeit: **ca. 25 Minuten** |
Backtemperatur: **210 °C Ober-/Unterhitze / 190 °C Umluft**

ZUTATEN (FÜR CA. 12 SCHNECKEN)

Teig
200 g Weizenmehl (Type 405)
150 g Dinkelmehl (Type 630)
½ Würfel frische Hefe (21 g)
1 Prise Zucker
½ TL Salz
2 EL Olivenöl
210 ml leicht erwärmtes Wasser

Füllung
50 g dünne Salami
50 g Schinken
60 g Grieß
2 EL Pesto
200 g gehackte Tomaten (Konserve)
Salz
Pfeffer
100 g Mozzarella, gerieben

1. Beide Mehlsorten in eine Schüssel geben. Eine kleine Mulde machen und darin die Hefe mit Zucker, Salz, Olivenöl und Wasser anrühren. Kurz stehen lassen. Dann die Zutaten in ca. 5 Minuten zu einem glatten Teig kneten. Den Hefeteig abgedeckt für mindestens 30 Minuten an einem warmen Ort gehen lassen.

2. In der Zwischenzeit für die Füllung Salami und Schinken in kleine Würfel schneiden. Den Backofen auf 210 °C Ober-/Unterhitze oder 190 °C Umluft vorheizen.

3. Den Teig auf einer mit Grieß bestreuten Fläche zu einer Größe von ca. 45 x 30 cm ausrollen. Nun die Teigplatte komplett dünn mit Pesto bestreichen. Tomaten, Schinken- und Salamiwürfel darauf verteilen. Mit etwas Salz und Pfeffer würzen und den Käse darübergeben. Hierbei ist es wichtig, am oberen und unteren Rand der Längsseite ca. 5 cm frei zu lassen.

4. Nun die untere Längsseite samt der Füllung nach oben aufrollen. Den Teig in 12 gleichmäßige Scheiben schneiden. Das Ende jeder Schnecke nach unten klappen und die Schnecken auf ein mit Backpapier belegtes Blech legen. Leicht andrücken. Für ca. 20–25 Minuten goldgelb backen.

AMANDAS TIPP

Zum Servieren auf eine große Platte ein Bett aus frischem Rucola legen, mit etwas gehacktem Knoblauch bestreuen und Olivenöl darüberträufeln. Darauf die Pizzaschnecken anrichten. Am liebsten würde ich mich dazulegen!

Empanadas

Neben dem Mandelkuchen unerlässlich bei jedem Mallorca-Aufenthalt

Arbeitszeit: **ca. 60 Minuten** | Backzeit: **ca. 15 Minuten** | Backtemperatur: **200 °C Ober-/Unterhitze / 180 °C Umluft**

ZUTATEN (FÜR CA. 20 EMPANADAS)

110 g Weißwein
115 g Wasser
75 g Butter
450 g Weizenmehl
1 Prise Salz
½ Zwiebel
1 Knoblauchzehe
1 EL Öl
50 g rote Paprikaschote
50 g Tomaten
20 g schwarze Oliven
150 g Rinderhackfleisch
Salz
Pfeffer
edelsüßes Paprikapulver
Chilliflocken (nach Belieben)
1 EL Semmelbrösel
1 Ei (Größe M)
50 g Milch

1. Für den Teig Weißwein, Wasser und Butter in einem Topf erwärmen, bis die Butter geschmolzen ist. Die Flüssigkeit soll nicht kochen. Dann Mehl und Salz hinzugeben und alle Zutaten auf der Tischplatte gut miteinander verkneten, bis ein geschmeidiger Teig entsteht.

2. Den Teig in ein Stück Folie einwickeln und für ca. 30 Minuten kalt stellen.

3. In der Zwischenzeit für die Füllung Zwiebel und Knoblauch in kleine Würfel schneiden. Auch Paprika, Tomaten und Oliven in feine Würfelchen schneiden. Zwiebel und Knoblauch im Öl in einem Topf glasig andünsten. Paprika, Tomaten und Oliven zugeben, Hackfleisch hinzuheben und krümelig braten. Mit Salz, Pfeffer und Paprikapulver abschmecken, nach Belieben Chiliflocken hinzugeben. Die Füllung dann für 3–4 Minuten köcheln lassen. Den Topf vom Herd nehmen und 1 EL Semmelbrösel zum Binden dazugeben.

4. Den Backofen auf 200 °C Ober-/Unterhitze oder 180 °C Umluft vorheizen.

5. Den Teig aus dem Kühlschrank nehmen und 3–4 mm dick ausrollen. Mit einem Ausstecher oder Trinkglas Kreise von Ø ca. 10 cm ausstechen. Jeweils einen Kreis leicht mit Wasser bepinseln und einen Teelöffel der Füllung daraufsetzen. Dann den Kreis von einer Seite auf die andere klappen und die Ränder andrücken. Mit Daumen und Zeigefinger den gefalteten Rand außen flach drücken und Stück für Stück wellenartig nach oben klappen.

6. 1 Ei mit 50 ml Milch verquirlen. Die Empanadas auf ein mit Backpapier belegtes Blech legen und mit der Eistreiche bepinseln. Für ca. 15–20 Minuten goldgelb backen.

AMANDAS TIPP

Empanadas gibt es in Tausenden Variationen – mit Fisch, Lamm oder auch vegetarisch. Für die vegetarische Variante einfach die 150 g Rinderhackfleisch durch klein gewürfeltes Gemüse (z. B. Zucchini oder Karotten) ersetzen.

Brötchen

Es liegt was in der Luft, ein ganz besonderer Duft!

Arbeitszeit: **ca. 60 Minuten** | Backzeit: **ca. 22–25 Minuten** | Backtemperatur: **230 °C Ober-/Unterhitze / 210 °C Umluft**

ZUTATEN (FÜR 8 BRÖTCHEN)

Vorteig
100 g Weizenmehl (Type 550)
100 ml lauwarmes Wasser
1 g frische Hefe

Brötchen
100 ml Wasser, leicht angewärmt
150 g Naturjoghurt
1 TL Honig
15 g frische Hefe
200 g Dinkelmehl (Type 630)
200 g Weizenmehl (Type 550)
5 g Backmalz
12 g Salz
verschiedene Saaten und Kerne nach Belieben (z. B. Sesam, Mohn)

1. 12–18 Stunden vor dem Backen der Brötchen zunächst einen Vorteig ansetzen. Hierzu Mehl, Wasser und Hefe (etwa so groß wie eine Erbse) in einer Schüssel vermischen, mit einem Tuch und einem Teller abdecken. An einem kühlen Ort ruhen lassen (jedoch nicht in den Kühlschrank stellen).

2. Die Zutaten für den Brötchenteig sollten alle Zimmertemperatur haben. Für den Teig Wasser, Joghurt, Honig und Hefe in einer Schüssel verrühren. Anschließend die beiden Mehlsorten, Backmalz, Salz und den Vorteig hinzugeben. Die Zutaten für ca. 6 Minuten zu einem glatten, elastischen Teig kneten. In die Schüssel legen, mit einem Tuch abdecken und für ca. 45 Minuten ruhen lassen.

3. Zwischenzeitlich ein Backblech mit Backpapier belegen und die Saaten und Körner auf einen Teller geben. Den Backofen auf 230 °C Ober-/Unterhitze oder 210 °C Umluft vorheizen.

4. Den Teig aus der Schüssel nehmen und in 8 gleich große Stücke teilen (Teigeinwaage ca. 100–110 g pro Brötchen). Die Teiglinge nun auf der Arbeitsfläche rund »schleifen« (s. Seite 16).

5. Die Oberseite mithilfe eines Pinsels oder Tuchs anfeuchten und die Brötchen in die Körner tauchen. Dies geht auch beidseitig (Ober- und Unterseite). Die Brötchen nun auf das Blech legen, mit einem Küchentuch abdecken und nochmals ca. 10–15 Minuten gehen lassen.

6. Die Brötchen vor dem Backen mit einem scharfen Messer schräg einschneiden und auf der mittleren Schiene des Backofens ca. 22–25 Minuten goldbraun backen. Zu Beginn des Backprozesses für Wasserdampf im Ofen sorgen (z. B. mit einer feuerfesten Schale, in der sich Wasser befindet oder mit einer Sprühflasche). Den Dampf nach ca. 10 Minuten Backzeit durch Öffnen der Backofentür ablassen.

AMANDAS TIPP

Die Brötchen lassen sich fertig prima einfrieren. Eine weitere Möglichkeit ist, die Brötchen halb gebacken zu gefrieren. Hierfür die Backzeit um 5 Minuten verkürzen, die Brötchen auskühlen lassen und dann in einem Gefrierbeutel sofort einfrieren. Zum Aufbacken die Brötchen in ca. 10 Minuten bei 160 °C fertig backen.

Zwiebelkuchen

Fränkisches Kulturgut und Erinnerung an meine Kindheit

Arbeitszeit: **ca. 40 Minuten** | Backzeit: **ca. 25 Minuten** |
Backtemperatur: **200 °C Ober-/Unterhitze / 180 °C Umluft**

ZUTATEN (FÜR 1 SPRINGFORM, Ø 26 CM)

Teig
250 g Weizenmehl
1 ½ TL Trockenhefe oder
15 g Frischhefe
1 Prise Salz
1 Ei (Größe M)
40 g Butter
75 ml Milch, leicht angewärmt
etwas Margarine für die Form
1 EL Mehl für die Form

Belag
600 g Zwiebeln
50 g Speck
50 g Margarine
Salz
Pfeffer
Kümmel
Paprikapulver
25 g Weizenmehl
2 EL Schmand
2 Eier (Größe M)
30 g Käse, gerieben

1. Für den Hefeteig das Mehl mit Trockenhefe und Salz vermischen. Ei, Butter und Milch hinzugeben und in 3–4 Minuten zu einem glatten Hefeteig kneten. Die Schüssel abdecken und für ca. 30 Minuten ruhen lassen.

2. Eine Springform mit Margarine einfetten und leicht mit Mehl bestäuben. Anschließend den Hefeteig ausrollen, in die Springform legen und an den Seiten einen kleinen Rand nach oben drücken. Mithilfe einer Gabel den Teig einige Male einstechen. Mit einem Küchentuch abdecken und nochmals an einem warmen Ort kurz gehen lassen.

3. Den Backofen auf 200 °C Ober-/Unterhitze oder 180 °C Umluft vorheizen.

4. Für den Belag zwischenzeitlich die Zwiebeln schälen und in kleine Würfel schneiden. Den Speck in der Margarine in einem Topf scharf anbraten und dann die Zwiebeln hinzugeben. Bei mittlerer Temperatur die Zwiebeln kurz andünsten. Den Topf vom Herd nehmen und die Mischung mit Salz, Pfeffer, Kümmel und Paprikapulver würzen. Das Mehl unterrühren, ebenso den Schmand. Zum Schluss die Eier unter die Masse mischen und alles auf den vorbereiteten Hefeteig streichen. Zum Schluss mit Käse bestreuen und für ca. 25 Minuten in den Backofen geben.

AMANDAS TIPP

Es ist zum Heulen! Außer man beachtet Folgendes: Die Zwiebeln in eine mit Wasser befüllte Schale legen und unter Wasser schälen. Beim Schneiden der Zwiebel ein sehr scharfes Messer verwenden und einen Schluck Mineralwasser in den Mund nehmen.

Fladenbrot

Kein Grillfest ohne dieses Brot!

Arbeitszeit: **ca. 35 Minuten** | Backzeit: **ca. 20 Minuten** |
Backtemperatur: **200 °C Ober-/Unterhitze / 180 °C Umluft**

ZUTATEN (FÜR 2 FLADENBROTE)

500 g Weizenmehl
1 Würfel frische Hefe (42 g)
250 ml lauwarmes Wasser
1 TL Zucker
50 g Butter
1 Ei (Größe M)
2 TL Salz
2 EL Milch
2 EL Sesam
2 TL Schwarzkümmel

1. Das Mehl in eine Rührschüssel geben und eine kleine Mulde machen. Die Hefe mit Wasser und Zucker in die Mulde geben und kurz verrühren. Butter, Ei und Salz hinzugeben und mit den Knethaken der Rührmaschine für ca. 5 Minuten kneten, bis ein geschmeidiger, glatter Teig entsteht.

2. Den Teig zu einer Kugel formen, in die Schüssel legen und mit einem Tuch abgedeckt für ca. 35 Minuten gehen lassen.

3. Den Teig nach der Ruhezeit nochmals kurz durchkneten und dann halbieren. Jedes Teigstück zu einem flachen Fladen ausrollen (Ø ca. 25 cm) und auf ein mit Backpapier belegtes Blech legen. Die Fladen nochmals mit einem Tuch abdecken und für ca. 10 Minuten gehen lassen. Anschließend mit einem Messer jeden Fladen kreuz und quer einschneiden. Die Fladen abdecken und weitere 60 Minuten gehen lassen.

4. Den Backofen auf 200 °C Ober-/Unterhitze oder 180 °C Umluft vorheizen. Die Fladenbrote vor dem Backen mit Milch bestreichen und mit Sesam und Schwarzkümmel bestreuen.

5. Die Brote für ca. 20 Minuten im vorgeheizten Ofen goldgelb backen und dann vollständig abkühlen lassen.

AMANDAS TIPP

Anstatt 2 große Fladenbrote lassen sich auch kleinere Fladen machen. Diese eignen sich zum Beispiel zum Füllen mit Gyros. Das Brot am besten in einer Plastiktüte aufbewahren, damit es nicht austrocknet.

JAHRESZEITEN

Apfel-Quarkbällchen

Der Hit zu Fasching, Fastnacht, Karneval!

Arbeitszeit: **ca. 60 Minuten** | Backzeit: **ca. 5 Minuten pro Portion** | Backtemperatur: **ca. 170 °C (heißes Öl)**

ZUTATEN (FÜR CA. 20 QUARKBÄLLCHEN)

250 g Weizenmehl
1 Päckchen Backpulver
250 g Magerquark
3 Eier (Größe M)
30 g Zucker
1 Päckchen Vanillezucker
1 mittelgroßer Apfel
2 l Pflanzenöl oder Pflanzenfett zum Frittieren

Topping
150 g Zucker
1 TL Zimt

1. Zuerst das Mehl mit dem Backpulver vermischen und sieben. Anschließend in einer großen Schüssel aus dem Mehlgemisch, Quark, Eiern, Zucker, Vanillezucker und Backpulver mit dem Rührgerät einen zähen Teig rühren.

2. Den Apfel schälen, entkernen und in feine, kleine Würfel schneiden. Diese dann unter die Masse heben.

3. In einem großen Topf das Pflanzenöl auf eine Temperatur von ca. 170 °C erhitzen. Hierzu den Holzstiel eines Kochlöffels (es eignen sich auch Schaschlik-Spieße) vorsichtig in das flüssige Fett halten. Bilden sich um das Holz herum kleine, aufsteigende Bläschen, ist die richtige Temperatur erreicht.

4. Mit einem Eisportionierer (Ø ca. 4–5 cm) oder Esslöffel aus dem Teig Kugeln abstechen und vorsichtig ins Fett geben. Hierbei darauf achten, dass sich maximal 5–6 Bällchen gleichzeitig im Topf befinden, damit das Fett nicht zu schnell abkühlt. Die Bällchen sollten rundum goldbraun sein, dies ist nach ca. 5 Minuten der Fall.

5. Die fertigen Bällchen mit einer Schaumkelle aus dem Fett nehmen und abtropfen lassen. Zucker und Zimt vermischen. Die Bällchen umgehend in der Mischung wälzen.

AMANDAS TIPP

Wer keine Äpfel mag, kann diese auch weglassen! Da fällt mir noch etwas ein, was mir mal beim Bäcker passiert ist: »Ich hätte gerne 5 Quarkbällchen«. Die Verkäuferin: »6 sind im Angebot« – »Okay, dann nehme ich 12!«

Rhabarber-Muffins mit Baiserhaube

Ein süßes Highlight zwischen Mitte April und 24. Juni, da ist die Rhabarber-Saison definitiv vorbei!

Arbeitszeit: **ca. 45 Minuten** | Backzeit: **ca. 35 Minuten** | Backtemperatur: **180 °C Ober-/Unterhitze / 160 °C Umluft**

ZUTATEN (FÜR 12 MUFFINS)

350 g frischer Rhabarber
170 g weiche Butter oder Margarine
130 g Zucker
1 Päckchen Vanillezucker
1 Prise Salz
1 Ei (Größe M)
2 Eigelbe (Größe M)
180 g Weizenmehl
3 gestrichener TL Backpulver
50 g Milch

Baisermasse
2 Eiweiß (Größe M)
80 g Zucker
1 kleine Prise Salz

1. Den Rhabarber abwaschen, schälen und in ca. ½ cm breite Stücke schneiden.
2. Die Mulden eines Muffinblechs mit Papier-Muffinförmchen auslegen. Alternativ die Papierförmchen auf ein Backblech legen; hierbei jeweils 2 Förmchen doppelt verwenden, um nach dem Backen etwas mehr Stabilität zu haben.
3. Den Backofen auf 180 °C Ober-/Unterhitze oder 160 °C Umluft vorheizen.
4. Für den Teig die Butter mit Zucker, Vanillezucker und Salz schaumig schlagen. Nach und nach das ganze Ei und die Eigelbe zugeben. Das Mehl mit Backpulver vermischen und abwechselnd mit der Milch unterrühren. Zum Schluss die Rhabarberstücke unter den Teig rühren.
5. Mithilfe zweier Teelöffel den Teig auf die 12 Muffinförmchen verteilen und für ca. 20 Minuten im Ofen backen.
6. Für die Baisermasse währenddessen Eiweiß mit Zucker und Salz in einem Rührbecher steif schlagen (Tipps hierzu s. Seite 12). Die fertige Masse in einen Spritzbeutel mit Lochtülle (ca. 10 mm) füllen. Viele kleine Tupfen auf die Muffins spritzen und dann nochmals für weitere ca. 12–15 Minuten backen.
7. Die Muffins vor dem Servieren komplett in der Form erkalten lassen.

AMANDAS TIPP

Rhabarber, Rhabarber, was für ein Gelaber! Den kann Sebastian gerne alleine essen. Wer auch keinen Rhabarber mag, kann ihn in diesem Rezept durch 250 g Himbeeren, Johannisbeeren oder auch klein geschnittene Äpfel ersetzen.

Stollenkonfekt

Die adventliche Kleinausgabe vom großen Stollen

Arbeitszeit: **ca. 30 Minuten** | Backzeit: **ca. 15 Minuten** | Backtemperatur: **180 °C Ober-/Unterhitze / 160 °C Umluft**

ZUTATEN (FÜR CA. 45 STÜCK)

20 g Sultaninen oder Rosinen
20 g Cranberrys
20 g Zitronat
20 g Orangeat
20 ml Rum
20 ml Wasser
50 g weiche Butter
40 g brauner Zucker
100 g Quark (40 % Fett)
1 Ei (Größe M)
1 Prise Salz
Zimt
Stollengewürz (nach Belieben)
25 g gemahlene Haselnüsse
150 g Mehl
1 TL Backpulver
50 g Marzipanrohmasse
25 g gehackte Mandeln
50 g Butter zum Bepinseln
Zucker zum Wälzen
Puderzucker zum Bestäuben

1. Sultaninen, Cranberrys, Zitronat und Orangeat klein hacken. Rum und Wasser mischen und die Sultaninen-Mischung darin einweichen und ziehen lassen.

2. Die Butter in kleine Stückchen schneiden und mit dem braunen Zucker, Quark, Ei, Salz, Zimt und etwas Stollengewürz in einer Schüssel mithilfe eines Rührgeräts zu einer Masse verarbeiten. Als Letztes die Haselnüsse zugeben.

3. Das Mehl mit dem Backpulver vermischen und in kleinen Schritten unter die vorbereitete Masse geben. Hierzu jetzt die Knethaken des Rührgeräts verwenden. Die Marzipanrohmasse auf der groben Fläche der Küchenreibe raspeln. Mit den Mandeln und den vorher in Rum eingelegten Zutaten samt Flüssigkeit untermischen.

4. Die Arbeitsfläche mit Mehl bestäuben und den Teig noch einmal per Hand kneten. So lange noch Mehl zum Teig hinzugeben, bis er nicht mehr an den Händen klebt.

5. Den Teig zu einer langen Rolle formen und portionsweise kleine Stücke abschneiden. Aus diesen Kugeln dann kleine, längliche Stollen formen. Die Mini-Stollen anschließend auf ein Blech mit Backpapier setzen. Im vorgeheizten Ofen bei 180 °C Ober-/Unterhitze oder 160 °C Umluft auf der mittleren Schiene ca. 15 Minuten backen.

6. In der Zwischenzeit 50 g Butter flüssig machen und die noch heißen Mini-Stollen mit der geschmolzenen Butter bepinseln, anschließend im Zucker wälzen. Nach Belieben nach dem Abkühlen noch mit Puderzucker bestäuben. Am besten in einer Blechdose aufbewahren, so kann das Gebäck schön durchziehen.

AMANDAS TIPP

Alle Ich-picke-die-Rosinen-aus-dem-Stollen-Leute, die keine Rosinen mögen, können diese durch die gleiche Menge Cranberrys ersetzen. Dasselbe gilt auch für die Ich-grusle-mich-vor-Orangeat-und-Zitronat-Fraktion.

Gefüllter Osterkranz

Ein schmackhaftes Osternest für bunte Eier

Arbeitszeit: **ca. 30 Minuten** | Backzeit: **ca. 35 Minuten** | Backtemperatur: **180 °C Ober-/Unterhitze / 160 °C Umluft**

ZUTATEN (FÜR 1 OSTERKRANZ)

Füllung
100 g Marzipan
70 g Zucker
120 g gemahlene Haselnüsse
100 g gemahlene Mandeln
2 Eigelb
60 g Sahne
1 EL Honig
1 EL Kakao
Zimt
80 g Kekse (z. B. Butterkekse)

Teig
400 g Weizenmehl
1 Päckchen Backpulver
85 g Zucker
1 Päckchen Vanillezucker
1 Prise Salz
100 ml Milch
80 g Sonnenblumenöl
200 g Magerquark
Abrieb von 1 Bio-Zitrone
1 Eigelb
40 g Sahne
1–2 EL Wasser
gehackte Pistazien zum Verzieren

1. Für die Füllung die Marzipanrohmasse auf der groben Fläche einer Küchenreibe raspeln. Mit Zucker, Haselnüssen, Mandeln, 2 Eigelben, Sahne, Honig, Kakao und Zimt mischen. Die Butterkekse in einen Gefrierbeutel geben und klein bröseln, anschließend unter die Masse geben und gut durchkneten. Die so vorbereitete Füllung zur Seite stellen.

2. Den Backofen zwischenzeitlich auf 180 °C Ober-/Unterhitze oder 160 °C Umluft vorheizen.

3. Für den Quark-Öl-Teig das Mehl mit dem Backpulver mischen und in eine große Rührschüssel sieben. Zucker, Vanillezucker und Salz zugeben und ebenfalls gut untermischen. Milch, Öl, Quark und Zitronenabrieb zum Mehlgemisch geben und alles kurz mit den Knethaken des Handrührgeräts krümelig durchkneten. Anschließend rasch mit den Händen zu einem glatten Teig verkneten.

4. Nun den Teig in 3 gleich große Portionen teilen und zu gleichmäßigen, etwa 50 cm langen Strängen rollen. 2 Stränge auf leicht bemehlter Arbeitsfläche dünn zu Streifen ausrollen (ca. 8 cm breit).

5. Die Füllung jeweils zur Hälfte mithilfe eines Spritzbeutels oder Esslöffels der Länge nach in die Mitte auftragen. Sollte der Teig recht trocken sein, die Ränder etwas mit Wasser bepinseln. Teig jeweils zusammenklappen, die Nähte andrücken und wieder zu einem runden Strang formen.

6. Die 2 gefüllten Stränge mit dem ungefüllten Teigstrang auf einem großen Stück Backpapier zu einem Zopf flechten, hierbei die Enden zusammenfügen und sorgfältig zusammendrücken. Den geflochtenen Zopf nun zu einem Kranz formen. In die Mitte ein Knäuel aus Alufolie legen. Den Kranz vorsichtig mit dem Backpapier auf ein Backblech legen.

7. Aus Eigelb, Sahne und Wasser ein Eistreiche rühren und mit einem Pinsel den Kranz rundum einstreichen. Mit den Pistazien bestreuen und dann für ca. 30 Minuten im Ofen goldbraun backen.

8. Auf einem Gitter auskühlen lassen. Die Alufolie aus der Mitte entfernen und an die Stelle bunte, hart gekochte Eier als Deko setzen.

AMANDAS TIPP

Das übrig gebliebene Eiweiß kann man bis zu 12 Monate problemlos einfrieren. Hierfür das Eiweiß in ein gut verschließbares Gefäß füllen. Nach dem Auftauen kann es steif geschlagen werden.

Mascarpone-Spiegelei-Brownies

Ein schokoladiger Hingucker auf der Ostertafel

Arbeitszeit: **ca. 45 Minuten + Kühlzeit** | Backzeit: **ca. 25 Minuten** | Backtemperatur: **180 °C Ober-/Unterhitze**

ZUTATEN (FÜR 1 FLACHE AUFLAUFFORM, CA. 30 X 20 CM)

Brownies
375 g Butter
270 g Zartbitterschokolade
50 g Vollmilch
5 Eier (Größe M)
270 g Puderzucker
2 Päckchen Vanillezucker
100 g Mehl
120 g Backkakao
1 ½ TL Backpulver
130 ml Eierlikör

Eierlikör-Spiegeleier
1 große Dose Aprikosenhälften
250 g Mascarpone
50–70 ml Eierlikör
2–3 gehäufte TL San-apart
bunte Schoko Ostereier (z. B. M&M's)

1. Auflaufform mit Backpapier auskleiden. Backofen auf 180 °C Ober-/Unterhitze vorheizen.

2. Die Butter in grobe Würfel schneiden, die Schokolade grob hacken. Zusammen mit der Milch in eine Metall- oder Glasschüssel geben und über einem Wasserbad schmelzen lassen. Etwas abkühlen lassen. Die Eier mit Puderzucker und Vanillezucker verquirlen. Mehl, Kakao und Backpulver mischen.

3. Die Schoko-Butter-Masse in die Eimasse rühren. Den Eierlikör dazugeben und glatt rühren. Zum Schluss die trockenen Zutaten unterheben und den Teig in die Form gießen. Glatt streichen und 25 Minuten backen. Sofort herausnehmen und 20 Minuten abkühlen lassen. Aus der Form stürzen, Backpapier entfernen und auf einem Kuchengitter komplett auskühlen lassen.

4. Die Aprikosen aus der Dose nehmen und auf einem Küchenkrepp abtropfen lassen. Mascarpone und Eierlikör mit einem Schneebesen glatt rühren. San-apart dazugeben und so lange verrühren, bis die Creme andickt. Sie sollte fest genug sein, um nicht zu zerlaufen aber nicht zu fest, um noch in Form gestrichen werden zu können. Bei Bedarf ein wenig mehr Eierlikör oder San-apart verwenden.

5. Aus der Creme auf den kalten Kuchen, mithilfe eines Teelöffelrückens, etwa ½ cm dicke »Spiegeleier« streichen. Als Eigelb eine halbe Aprikose darauflegen. In die Zwischenräume die bunten Schokoeier in den Kuchen drücken. Dann in Brownie-Stücke schneiden.

AMANDAS TIPP

Den Kuchen an Ostern verstecken, sodass ihn niemand findet! Zwei Tage später ganz alleine essen, denn der Brownie hält sich gut verpackt ein paar Tage.

Eistorte

Das Nachtisch-Highlight für das Weihnachtsfest!

Arbeitszeit: **ca. 60 Minuten + Kühlzeit** | Backzeit: **ca. 18 Minuten** | Backtemperatur: **180 °C Ober-/Unterhitze**

ZUTATEN (FÜR 1 SPRINGFORM, Ø 22 CM)

Biskuit
2 Eier
90 g Zucker
60 g Mehl
1 TL Backpulver
etwas Butter

Eisschicht
150–300 g dunkle Kuchenglasur
1 l Frucht-Milcheis (z. B. Erdbeere oder Kirsche)
1 l Vanilleeis
5 Mandelprinten
5–7 Tropfen Minzaroma (alternativ Minzlikör oder Sirup)
150 g weiße Kuvertüre
½ Würfel Palmin
2 Zuckerstangen

1. Eier und Zucker 3–4 Minuten dick-weiß-schaumig schlagen. Für den Teig Mehl und Backpulver mischen und zur Eiermasse sieben. Vorsichtig unterheben. Ofen auf 180 °C Ober-/Unterhitze vorheizen. Den Boden einer Springform am Rand mit Butter einfetten, auf den Boden Backpapier legen. Teig einfüllen und im vorgeheizten Ofen ca. 18 Minuten backen. Mit einem Messer den Rand lösen. Auf ein Kuchengitter stürzen und abkühlen lassen.

2. Die Kuchenglasur im Wasserbad schmelzen. Das Eis antauen lassen. Eine runde Form (2 l Fassungsvermögen) mit Frischhaltefolie auskleiden. Mit einem Pinsel die Glasur in die Form streichen. Wer es dicker haben möchte, kann nach dem Festwerden der Glasur eine weiteren Packung Glasur auftragen. Den Biskuit passend als Boden für die Form ausschneiden.

3. Die Printen in mundgerechte Stücke schneiden. In einer Schüssel das Fruchteis gut verrühren und dann die Printen unterheben. In die vorbereitete Form geben. Das Vanilleeis mit dem Minzaroma glatt rühren und auf das Fruchteis geben. Glatt streichen und den Biskuit darauflegen und andrücken. Mindestens 3–4 Stunden, besser über Nacht, durchkühlen lassen.

4. Kuvertüre mit Palmin über einem Wasserbad schmelzen. Das Eis auf einen Servierteller oder Tortenständer stürzen. Folie entfernen und die weiße Schokolade mittig auf das Eis geben. Mit Zuckerstangen dekorieren.

AMANDAS TIPP

Satt heißt nicht, dass kein Eis mehr reinpasst. Mehr möchte ich an dieser Stelle nicht sagen!

Schokopresso-Kuchen

Für Mamas und Papas und alle lieben Menschen

Arbeitszeit: **ca. 60 Minuten + Kühlzeit** | Backzeit: **ca. 13 Minuten / ca. 35 Minuten** | Backtemperatur: **180 °C Ober-/Unterhitze**

ZUTATEN (FÜR 20 HERZEN)

Kekse
130 g kalte Butter
½ verquirltes Ei (Größe M)
75 g Zucker
200 g Weizenmehl
¾ TL Backpulver
¾ Fläschchen Butter-Vanille-Aroma

Buttercreme
250 g weiche, nicht flüssige Butter
250 g Puderzucker
¼ Fläschchen Butter-Vanille-Aroma
Lebensmittelfarbe (pink oder rosa)
250 g Frischkäse natur, Doppelrahmstufe

Kuchen
3 Instantbeutel Espressopulver
150 ml warmes Wasser
160 g weiche Butter
280 g Zucker
3 Eier (Größe M)
300 g Weizenmehl
80 g Backkakao
3 leicht gehäufte TL Backpulver
300 ml Milch
1 Fläschchen Rumaroma

Topping (nach Belieben)
Zuckerstreusel
weiße Schokolade
Candy Melts
Kuchenguss

1. Die Form mit Backpapier auslegen und den Backofen auf 180 °C Ober-/Unterhitze vorheizen.

2. Für die Kekse alle Zutaten zu einem glatten, geschmeidigen Teig verkneten. In Frischhaltefolie 30 Minuten in den Kühlschrank legen. Auf einer leicht bemehlten Arbeitsfläche ca. ½ cm dick ausrollen und unterschiedlich große Herzen ausstechen. Auf ein mit Backpapier ausgelegtes Backblech setzen. Im vorgeheizten Backofen bei 180 °C Ober-/Unterhitze etwa 13 Minuten backen. Auf dem Blech abkühlen und auf einem Gitter vollständig auskühlen lassen.

3. Für die Buttercreme die weiche Butter mindestens 3 Minuten auf höchster Stufe mit den Schneebesen des Mixers weiß und dick aufgeschlagen. Nun den Puderzucker und die Vanille dazugeben und weiterrühren, bis die Masse klümpchenfrei und geschmeidig ist. Etwa 3 volle EL Creme abnehmen und in drei unterschiedlichen Farbtönen einfärben. (Alternativ zuerst die gesamte Creme hell einfärben und damit einen Teil der Kekse dekorieren. Dann die restliche Creme etwas dunkler einfärben und weitere Kekse dekorieren. Zum Schluss die übrige Creme wieder ein Stückchen dunkler färben und die restlichen Kekse bestreichen. Dafür ist nur eine Grundfarbe nötig.)

4. Mit einem Messer etwas Creme auf die Kekse streichen. Bei Bedarf nacharbeiten.

5. In die restliche weiße Buttercreme mit den Schneebesen des Mixers den Frischkäse unterrühren, bis die Masse schön glatt und geschmeidig ist. Mit Frischhaltefolie abgedeckt bei Raumtemperatur beiseite stellen.

6. Für den Kuchen das Espressopulver in dem Wasser auflösen. Butter, Zucker und Eier dick-weiß-schaumig aufschlagen. Mehl, Kakao und Backpulver miteinander vermischen. Milch, Rumaroma und Espresso in die Rührschüssel geben und alles glatt rühren. Die trockenen Zutaten dazugeben und kurz untermixen. Es dürfen ein paar Mehlklümpchen bleiben. Zu langes Rühren lässt den Teig zäh werden. In die Backform geben und 35 Minuten (Stäbchenprobe machen) backen. Komplett auskühlen lassen.

7. Die Frischkäse-Buttercreme auf den Schokokuchen geben und mit einer Palette oder einem Messer verstreichen. Dabei einen Rand lassen, damit der Schokokuchen zu sehen ist. Die Kekse nun, Farbton nach Farbton, auf die Creme geben. Die Kekse können noch mit Streuseln, Schokolade, Kuchenguss und mehr dekoriert werden.

AMANDAS TIPP

Anstelle der Herzen könnt ihr auch andere Motive ausstechen, z. B. Sterne zur Adventszeit.

Stutenkerle

Erinnerungen an den 11.11. in Kindertagen

Arbeitszeit: **ca. 60 Minuten + Ruhezeit** | Backzeit: **ca. 13–15 Minuten** | Backtemperatur: **170 °C Umluft**

ZUTATEN (FÜR CA. 9 STÜCK)

130 g weiche Butter
120 g Honig
210 ml zimmerwarme Milch
50 g zimmerwarmer Joghurt
1 zimmerwarmes Ei (Größe M)
600 g Weizenmehl, gesiebt
1 TL gemahlener Safran (optional)
¼ TL gemahlener Zimt
¼ TL gemahlener Kardamom
½ TL Orangenschalenaroma
2 Päckchen Trockenhefe
Rosinen oder Korinthen
Mischung aus 1 Ei plus 2 TL Milch

1. Die Butter mit dem Honig über einem Wasserbad oder in der Mikrowelle langsam schmelzen. Milch und Joghurt dazugeben und das Ei mit einer Gabel unterquirlen. Das Mehl mit den Gewürzen und der Hefe verrühren. Mit den Knethaken der Küchenmaschine oder dem Handmixer mindestens 5 Minuten in einer großen Schüssel zu einem glatten, elastischen und nicht mehr klebenden Teig kneten. Wenn sich der Hefeteig komplett vom Schüsselrand gelöst hat und wie ein Ball um die Knethaken liegt, ist er perfekt! Den Teig aus der Schüssel nehmen. Diese komplett dünn mit etwas Butter ausstreichen und den Teig wieder hineinsetzten. Mit Frischhaltefolie luftdicht verschließen und an einem warmen Ort (in dieser Jahreszeit eignet sich ein Plätzchen vor der Heizung) für etwa 1 Stunde gehen lassen, bis sich das Teigvolumen verdoppelt hat.

2. Den Teig aus der Schüssel auf eine leicht bemehlte Arbeitsfläche geben und mit den Händen kurz durchkneten. In ca. 110–130 g große Stücke aufteilen. Diese zu Bällen drehen und auf einem Backblech, mit einem Geschirrtuch abgedeckt, nochmals ca. 10 Minuten entspannen lassen. Den Backofen auf 170 °C Umluft vorheizen und zwei Backbleche mit Backpapier auslegen. Das Ei mit der Milch glatt rühren und die Rosinen bereitstellen.

3. Die Teigkugeln nun mit dem Handballen oben und unten flach drücken, sodass sie leicht oval werden. Mit einem Messer, dem »Schnittmuster« auf dem Bild entsprechend, den Teig einschneiden. Dann die Form im nächsten Schritt anpassen und Ecken herausscheiden. Wer mag, kann den Teig mit den Fingern etwas nachformen und den Kopf sowie Arme und Beine abrunden. Die Rosinen für Augen und Knöpfe ganz tief in den Teig drücken! Sonst purzeln sie beim Backen heraus. Mit einem Teelöffel oder Messer einen Mund in den Teig stechen. Vorsichtig mit etwas Abstand auf das Backblech setzen. Mit dem Ei-Milch-Gemisch bepinseln. Ca. 13–15 Minuten backen (dabei unbedingt den Bräunungsgrad im Augen behalten).

4. Die Teigreste können wieder zusammengeknetet und nach 5 Minuten unter einem Geschirrtuch erneut verarbeitet werden. Allerdings ist der Teig nicht mehr so flexibel und die Männchen sehen nicht mehr so glatt aus wie die ersten.

AMANDAS TIPP

Schön verpackt ein wundervolles Geschenk. Nicht nur am 11. November.

Zimtsternkuchen

Lieblingsplätzchen trifft Adventskuchen

Arbeitszeit: **ca. 30 Minuten** | Backzeit: **ca. 60–70 Minuten** | Backtemperatur: **190 °C Ober-/Unterhitze**

ZUTATEN (FÜR 1 SPRINGFORM)

Teig
125 g gemahlene Mandeln
120 g gemahlene Haselnüsse
1 ½ TL Zimt
¼ TL Kardamom
5 zimmerwarme Eier (Größe M)
240 g Zucker
250 g weiche Butter
250 g Mehl
1 Päckchen Backpulver
120 ml warme Milch
1 TL Vanilleextrakt

Creme
150 g Mascarpone
100 ml Sahne
30 g Zucker
1 TL Vanilleextrakt

Topping
Zimtsterne
etwas Zimtpulver

1. Mandeln, Haselnüsse, Zimt und Kardamom in einer beschichteten Pfanne ohne Fett unter Rühren anrösten, bis es duftet. Auf einem Tablett abkühlen lassen.

2. Den Backofen auf 190 °C Ober-/Unterhitze vorheizen. Eine Springform am Boden mit Backpapier auslegen und den Rand buttern.

3. Eier und Zucker mit den Schneebesen der Küchenmaschine mindestens 2–3 Minuten dick-weiß aufschlagen. Die Butter dazugeben und gut unterrühren. Mehl, Backpulver und Nüsse mischen. Die warme Milch und die Vanille unter die Butter-Ei Mischung rühren und zum Schluss die trockenen Zutaten kurz unterrühren, sodass gerade so ein Teig entsteht. Zu langes Rühren macht den Teig zäh!

4. In die Form geben, glatt streichen und ca. 60–70 Minuten backen (Stäbchenprobe machen). Komplett auskühlen lassen.

5. Für die Creme Mascarpone und Sahne mit Zucker und Vanille glatt rühren. Auf den Kuchen streichen. Mit Zimtsternen dekorieren und mit etwas Zimtpulver bepudern.

AMANDAS TIPP

Den Kuchen in einer sternförmigen Silikonform backen, so habt ihr einen großen Zimtsternkuchen in Zimtsternoptik mit Zimtsterngeschmack.

Vanille-Glücksschweinchen

Familienzuwachs für Pig Nic

Arbeitszeit: **ca. 60 Minuten + Ruhezeit** | Backzeit: **ca. 20–24 Minuten** | Backtemperatur: **160 °C Ober-/Unterhitze**

ZUTATEN (FÜR CA. 16 SCHWEINE)

6 EL (50 ml) Milch
8 EL (60 ml) Sonnenblumen- oder Rapsöl
190 g Quark (oder Frischkäse, mit 2 EL Milch angerührt)
1 Ei (Größe M)
130 g Zucker
1 TL Vanilleextrakt oder 1 Fläschchen Aroma
430–450 g Mehl
1 Msp. Kardamom
¼ TL Zimt
½ Päckchen Backpulver
1 Ei, verquirlt
ca. 30–34 Schokotropfen

1. Für den Teig Milch, Öl, Quark, Ei, Zucker und Vanille mit dem Knethaken der Küchenmaschine oder Handmixer glatt rühren.

2. Das Mehl mit den Gewürzen und dem Backpulver mischen und unter die nassen Zutaten kneten. Der Teig sollte elastisch und auf keinen Fall trocken sein (Vorsicht also bei der Zugabe von Mehl), aber auch nicht mehr an der Hand kleben (bei Bedarf noch etwas Mehl unterkneten).

3. Den Teig herausnehmen und mit den Fingern auf etwas Mehl durchkneten und 5 Minuten ruhen lassen.

4. Den Teig auf einer leicht bemehlten Arbeitsfläche etwa 1 cm dick ausrollen. Mit einem runden Ø ca. 7–8 cm großen Ausstecher (oder Glas) ca. 15–17 Kreise ausstechen. Teigreste wieder zusammenkneten und ausrollen. Dann den Teig ein wenig dünner ausrollen. Mit einem kleineren, Ø ca. 3–3 ½ cm großen runden Ausstecher oder einer Spritztülle jeweils eine Schweinenase ausstechen. Für die Ohren die Kreise vierteln.

5. Die Köpfe auf ein mit Backpapier ausgelegtes Backblech legen. Den Backofen auf 160 °C Ober-/Unterhitze vorheizen.

6. Die Köpfe mit dem verquirlten Ei bepinseln. Die geviertelten Kreise als Ohren, etwas vom Rand nach innen platziert, anbringen. Mit einem dickeren Holzstäbchen Nasenlöcher in die Nasen stechen und dabei den Stab etwas nach außen drehen, damit die Löcher größer werden. Wenn das Stäbchen klebt, in Mehl tauchen. Mit der Spitze kleine Löcher für die Augen einpiksen. Ohren und Nase ebenfalls mit Ei bestreichen und alles für ca. 20–24 Minuten backen, bis die Schweinchen goldgelb gebacken sind.

7. Auf einem Kuchengitter auskühlen lassen. Wenn sie noch ein ganz wenig warm sind, die Schokotropfen in die Löcher für die Augen stecken.

AMANDAS TIPP

Mittlerweile gibt es in vielen Supermärkten lustige Kulleraugen aus Zucker zu kaufen. So bekommen die Schweinchen noch mehr Charakter.

CAFÉ AMANDA

Windbeutel

Vom Winde verweht mit leckerer Kirschfüllung

Arbeitszeit: **ca. 45 Minuten** | Backzeit: **ca. 25 Minuten** |
Backtemperatur: **220 °C Ober-/Unterhitze / 200 °C Umluft**

ZUTATEN (FÜR CA. 7 WINDBEUTEL)

Brandteig
150 ml Wasser
30 g Butter
1 Prise Salz
5 g Zucker
100 g Weizenmehl
3 Eier (Größe M)

Kirsch-Füllung
350 g Kirschen aus dem Glas
3 EL Vanillepuddingpulver
1 EL Zucker
1 EL Kirschwasser (nach Belieben)
Vanilleschote oder Vanilleextrakt

Sahne-Füllung
200 g Schlagsahne (flüssig)
1 Päckchen Vanillezucker
1 Päckchen Sahnesteif
etwas Puderzucker zum Bestreuen

1. Den Backofen auf 220 °C Ober-/Unterhitze oder 200 °C Umluft vorheizen. Ein Backblech mit Backpapier vorbereiten sowie den Spritzbeutel mit einer Sterntülle parat legen.

2. Für die Windbeutel einen Brandteig herstellen (s. Seite 14).

3. Nun den Brandteig in einen Spritzbeutel mit Sterntülle füllen und mit Abstand ca. 7 kreisförmige Rosetten auf das Backpapier spritzen. Im vorgeheizten Backofen für ca. 25 Minuten backen. Hierbei ist es wichtig, dass der Ofen zu keinem Zeitpunkt geöffnet werden darf, da die Windbeutel sonst in sich zusammenfallen.

4. Für die Kirsch-Füllung die Kirschen abtropfen lassen, dabei den Saft auffangen. 200 ml des Kirschsafts in einen Topf geben. Puddingpulver und Zucker in einer Schüssel verrühren, 3 EL des Saftes und nach Belieben Kirschwasser dazugeben. Das Kirschsaftwasser aufkochen lassen. Das angerührte Puddingpulver einrühren, kurz aufkochen lassen. Dann die Kirschen und den Vanilleextrakt hinzugeben und gut verrühren. Topf vom Herd nehmen und die Füllung erkalten lassen.

5. Für die Sahne-Füllung die Schlagsahne mit dem Rührgerät aufschlagen. Wenn sie cremig ist, Vanillezucker und Sahnesteif hinzugeben. Zu einer steifen und dennoch lockeren Sahne schlagen.

6. Die ausgekühlten Windbeutel aufschneiden. Mit einem Esslöffel die Kirsch-Füllung auf den unteren Boden streichen. Die Sahne mithilfe eines Spritzbeutels auf die Füllung dressieren und zum Abschluss den Deckel aufsetzen. Die fertigen Windbeutel nach Belieben mit Puderzucker bestreuen.

AMANDAS TIPP

Aus dem Teig lassen sich auch sahnige Mini-Windbeutel herstellen. Dafür anstatt Rosetten kleine Tupfen aufs Blech spritzen. Diese dann nach dem Backen mithilfe einer spitzen Spritztülle mit Vanillesahne füllen.

Schnelle Amerikaner

Im Handumdrehen gemacht und super lecker!

Arbeitszeit: **ca. 15 Minuten** | Backzeit: **ca. 13–15 Minuten** | Backtemperatur: **180 °C Ober-/Unterhitze / 160 °C Umluft**

ZUTATEN (FÜR CA. 8 AMERIKANER)

100 g Margarine
100 g Zucker
1 Päckchen Vanillezucker
1 Prise Salz
2 Eier (Größe M)
1 Päckchen Vanillepuddingpulver
250 g Mehl
3 gestrichener TL Backpulver
4–5 EL Milch
150 g Puderzucker
2–3 EL Sonnenblumenöl
einige Tropfen Zitronensaft oder Rum (nach Belieben)

1. Ein Backblech mit Backpapier belegen und den Backofen auf 180 °C Ober-Unterhitze vorheizen.

2. Für den Teig die Margarine mit Zucker, Vanillezucker, Salz und den Eiern schaumig schlagen. Das Puddingpulver mit Mehl und Backpulver vermischen und sieben. Anschließend im Wechsel mit der Milch zu dem Margarine-Gemisch geben und verrühren. Nun mit einem Teelöffel (oder einem Spritzbeutel) 8 kleine Häufchen mit Ø ca. 7 cm auf das Blech geben und diese ein wenig verstreichen. Hierbei etwas Abstand halten, da der Teig beim Backen leicht in die Breite läuft.

3. Die Amerikaner für ca. 13–15 Minuten goldgelb backen, kurz abkühlen lassen und dann zum vollständigen Erkalten vorsichtig wenden.

4. Aus Puderzucker, Öl und wahlweise Zitronensaft oder Rum einen zähflüssigen Zuckerguss herstellen und die Amerikaner mithilfe eines Pinsels bestreichen.

AMANDAS TIPP

Den Vanillepudding einfach mal durch Schokopuddingpulver ersetzen. So entstehen schokoladige Amerikaner. Und auch die Form muss nicht immer rund sein. Ob eiförmig oder auch als Herz – der Fantasie sind keine Grenzen gesetzt.

Löffelbiskuit

Die Mutter aller Kekse aus dem 15. Jahrhundert

Arbeitszeit: **ca. 30 Minuten** | Backzeit: **ca. 7 Minuten** |
Backtemperatur: **210 °C Ober-/Unterhitze / 190 °C Umluft**

ZUTATEN (FÜR 2 BACKBLECHE)

5 Eigelb (100 g)
90 g Zucker
4 Eiweiße (120 g)
1 Prise Salz
100 g Mehl
100 g Puderzucker

1. Den Backofen auf 210 °C Ober-/Unterhitze oder 190 °C Umluft vorheizen und 2 Backbleche mit Backpapier vorbereiten.
2. Die Eigelbe genau abwiegen und mit 30 g Zucker zu einer hellgelben, dickschaumigen Masse aufschlagen (dies kann einige Minuten dauern). In einer weiteren Schüssel das genau abgewogene Eiweiß mit dem restlichen Zucker und dem Salz zu cremigem Eischnee aufschlagen (s. Seite 12).
3. Das Mehl fein sieben. Die Eigelbmasse vorsichtig unter den Eischnee heben und dann das Mehl ebenfalls sehr vorsichtig in wenigen Zügen unterheben. Die Masse in einen Spritzbeutel mit einer Lochtülle (Ø ca. 10–15 mm) füllen und Löffelbiskuits von ca. 5–6 cm Länge auf ein mit Backpapier belegtes Blech spritzen.
4. Anschließend die Löffelbiskuits mithilfe eines Siebs dünn mit Puderzucker bestäuben und für ca. 6–7 Minuten backen. Auf dem Blech auskühlen lassen.

AMANDAS TIPP

Selbst gemachte Löffelbiskuits haben deutlich weniger Zuckeranteil als die im Laden gekauften Kekse. Mit Joghurtquark und Früchten in ein Glas geschichtet ergeben sie ein tolles Dessert. Ich hab die Weisheit übrigens mit Löffelbiskuit gegessen!

Nussecken

Das Eckige muss ins Runde.

Arbeitszeit: **ca. 40 Minuten** | Backzeit: **ca. 25–28 Minuten** | Backtemperatur: **180 °C Ober-/Unterhitze / 160 °C Umluft**

ZUTATEN (FÜR CA. 24 NUSSECKEN / 1 BACKBLECH)

Boden
125 g Butter
100 g Zucker
1 Päckchen Vanillezucker
2 Eier (Größe M)
300 g Mehl
1 gestrichener TL Backpulver
200 g Aprikosenkonfitüre (ohne Fruchtstücke)

Nussbelag
175 g Butter
130 g Zucker
1 Päckchen Vanillezucker
300 g gemahlene Haselnüsse
100 g gehackte Mandeln
4 EL Wasser
180 g Kuchenglasur oder Zartbitterkuvertüre

1. Den Backofen auf 180 °C Ober-/Unterhitze oder 160 °C Umluft vorheizen. Ein Backblech hauchdünn mit etwas Margarine bestreichen und darauf das Backpapier (ca. 39 x 28 cm) legen, so verrutscht es später nicht.
2. Für den Boden der Nussecken Butter, Zucker, Vanillezucker und Eier miteinander vermengen. Anschließend das Mehl und das Backpulver miteinander mischen und mit den restlichen Zutaten rasch zu einem Teig verkneten.
3. Den Teig nun aufs Backblech drücken. Es sollte ein ebener Boden entstehen, hierzu kann ein Nudelholz verwendet werden. Auf dem Boden nun die Aprikosenkonfitüre gleichmäßig verstreichen.
4. Für den Nussbelag die Butter mit Zucker und Vanillezucker in einem Topf schmelzen. Nüsse, Mandeln und Wasser hinzugeben und unter ständigem Rühren kurz köcheln lassen, sodass eine feuchte Masse entsteht. Achtung, heiß!
5. Nun die Masse in kleinen Häufchen auf den Teigboden setzen und vorsichtig mit einem Löffel oder Messer zu einer glatten, gleichmäßigen Fläche verstreichen.
6. Die Nussecken für ca. 25–28 Minuten backen.
7. Aus dem Ofen nehmen und kurz abkühlen lassen. Dann die noch warme »Nussplatte« in Quadrate schneiden (9 x 9 cm), den übrig gebliebenen Rand beiseite legen. Die Quadrate dann nochmals über die Ecken halbieren.
8. Die Nussecken nun vollständig auskühlen lassen und die spitzen Ecken dann in Zartbitterkuvertüre oder Kuchenglasur tauchen. Anschließend auf Backpapier legen, bis die Schokolade trocken ist. Die Nussecken am besten in einer Blechdose aufbewahren.

AMANDAS TIPP

Nuss-Allergiker können anstatt der Mandeln und Haselnüsse 400 g grob gehackte Kürbis- und Sonnenblumenkerne nehmen.
Einen habe ich noch: Sagt die eine Nuss zur anderen Nuss: »Du hast dich aber mächtig in Schale geworfen!«

Kürbis-Muffins

Mit einer Sonnenblumen-Honig-Kruste

Arbeitszeit: **ca. 25 Minuten** | Backzeit: **ca. 25 Minuten** |
Backtemperatur: **200 °C Ober-/Unterhitze / 180 °C Umluft**

ZUTATEN (FÜR 12 MUFFINS)

200 g Hokkaido-Kürbis
150 g Butter oder Margarine
150 g brauner Zucker
2 Eier (Größe M)
1 kleine Prise Salz
1 EL Zitronensaft
350 g Weizenmehl
3 gestrichene TL Backpulver
100 ml Milch
1 TL Zimt

Topping
15 g flüssige Butter
20 g Honig
30 g Sonnenblumenkerne

1. Den Hokkaido-Kürbis waschen und mithilfe einer Küchenreibe fein raspeln. Butter, Zucker, Eier und Salz schaumig schlagen. Den Zitronensaft unterrühren. Anschließend das Mehl mit dem Backpulver mischen und im Wechsel mit der Milch hinzugeben. Zum Schluss den geraspelten Kürbis und Zimt unterrühren.

2. Den Backofen auf 200 °C Ober-/Unterhitze oder 180 °C Umluft vorheizen. 12 Papierförmchen in ein Muffin-Blech einlegen oder die Förmchen auf ein Backblech stellen, hierbei jeweils 2 Papierförmchen doppelt verwenden. Die Förmchen mit Teig befüllen.

3. Die Butter mit Honig und Sonnenblumenkernen vermischen und dann mithilfe eines Teelöffels auf die 12 Muffins verteilen.

4. Die Muffins bei 200 °C für ca. 25 Minuten backen. Anschließend auskühlen lassen.

AMANDAS TIPP

Wer keinen braunen Zucker im Haus hat, kann auch weißen verwenden. Der braune Zucker hat jedoch einen leicht malzigen Geschmack und sorgt bei den Muffins für eine besondere Karamellnote.

Flammende Herzen

Backen mit Herz und Liebe

Arbeitszeit: **ca. 45 Minuten** | Backzeit: **ca. 12 Minuten** |
Backtemperatur: **180 °C Ober-/Unterhitze / 160 °C Umluft**

ZUTATEN (FÜR 12–15 STÜCK)

225 g weiche Butter
100 g Puderzucker
1 Päckchen Vanillezucker
Abrieb von ½ Bio-Zitrone
1 Prise Salz
250 g Weizenmehl
50 g Stärkemehl
125 g Nuss-Nougat
150 g Kuchenglasur

1. Den Backofen auf 180 °C Ober-/Unterhitze oder 160 °C Umluft vorheizen und ein Backblech mit Backpapier vorbereiten.

2. Die Butter mit Zucker, Vanillezucker, Zitronenabrieb und Salz zu einer weiß-cremigen Schaummasse rühren. Dann das Weizenmehl und die Stärke sieben und unterrühren. Den Teig in einen Spritzbeutel mit Sterntülle füllen und die flammenden Herzen in Schlangenlinien mit einer Größe von ca. 10 cm, die von oben nach unten dünner werden, auf ein mit Backpapier belegtes Blech aufspritzen. Für jedes flammende Herz wird ein Boden und ein Deckel benötigt.

3. Die flammenden Herzen im Backofen in ca. 12 Minuten goldgelb backen. Danach vollständig auskühlen lassen.

4. Den Nuss-Nougat nach Packungsanleitung schmelzen und für je ein flammendes Herz einen Esslöffel der Nougatmasse auf dem Boden verstreichen. Einen passenden Deckel aufsetzen und leicht andrücken. Die flammenden Herzen dann gut trocknen lassen.

5. Nun die Kuchenglasur schmelzen und die Herzen halbseitig in die Schokolade tauchen. Etwas abtropfen lassen und dann auf eine mit Backpapier belegte Platte legen und trocknen lassen. Die flammenden Herzen lassen sich luftdicht verpackt mehrere Wochen lagern.

AMANDAS TIPP

Anstelle von Nuss-Nougat kann man auch eine fertige Nuss-Nougat-Creme aus dem Glas nehmen. Aber auch mit Himbeerkonfitüre bringen die flammenden Herzen mein großes Nilpferdherz zum Rasen.

Hefeteilchen mit Käse-Konfitüre und Streuselfüllung

Besser als vom Bäcker

Arbeitszeit: **ca. 60 Minuten + Ruhezeit** | Backzeit: **ca. 20 Minuten** | Backtemperatur: **190 °C Ober-/Unterhitze**

ZUTATEN (FÜR 10 STÜCK)

Hefeteig
2 TL Trockenhefe
230 ml handwarme Milch
1 EL Zucker
400 g Mehl
85 g weiche Butter
1 TL Vanilleextrakt
4 zimmerwarme Eigelbe
1 Prise Salz
40 g Schmand

Füllung
350 g Frischkäse, ausgedrückt
80 g Zucker
½ TL Vanilleextrakt
½ Glas Lieblingskonfitüre

Streusel
60 g kalte Butter
40 g Zucker
110 g Mehl
1 Prise Zimt

Zum Bestreichen
1 Ei mit 1 EL Milch verquirlt

1. Für den Hefeteig die Hefe in der Milch mit Zucker verrühren und 5 Minuten stehen lassen. Alle weiteren Zutaten in eine Rührschüssel geben. Handmixer oder Küchenmaschine mit Knethaken ausstatten. Die Hefe-Milch dazugeben und alles für 5–7 Minuten kneten, bis sich der Teig von der Rührschüssel löst und als Ball um den Knethaken liegt. Jetzt ist er perfekt. Sollte er noch zu klebrig sein, 1–2 EL Mehl unterkneten.

2. Mit einem Geschirrtuch abgedeckt an einem warmen, zugluftfreien Ort (oder unter der Bettdecke) 90 Minuten gehen lassen.

3. Dann den Teig einmal kräftig durchkneten, damit die Luft herausgearbeitet wird. Den Teig in etwa 10 gleich große Teigstücke teilen. Diese zu Kugeln drehen und mit Abstand auf ein Backblech mit Backpapier legen. Mit einem Geschirrtuch abgedeckt 20 Minuten gehen lassen.

4. In der Zwischenzeit für die Füllung den Frischkäse in ein sauberes Geschirrtuch geben und die Enden kräftig zusammendrehen. Nun über der Spüle die Flüssigkeit aus dem Käse drücken. Dann alle Zutaten, bis auf die Konfitüre, zu einer glatten Creme rühren.

5. Für die Streusel die Zutaten mit den Händen zu einem krümeligen Teig kneten und im Kühlschrank aufbewahren. Den Backofen auf 190 °C Ober-/Unterhitze vorheizen.

6. Die Kugeln auf einer leicht bemehlten Arbeitsfläche noch einmal mit etwas Druck rollen. Den Boden eines Glases oder einer Tasse in etwas Mehl tauchen (so klebt der Teig nicht fest). Mit dem Gefäß jeweils eine Vertiefung in die Mitte der Kugeln drücken. Nach und nach mit der Frischkäsemasse füllen. Mit etwas Abstand auf ein Backblech mit Backpapier setzen.

7. In den Frischkäse eine kleine Vertiefung machen und diese mit einem vollen Teelöffel Konfitüre füllen. Den Rand mit dem verquirlten Ei bestreichen. Die kalten Streusel darauf verteilen und für ca. 20 Minuten backen. Wenn der Rand und die Streusel knusprig goldgelb sind, herausnehmen und das zweite Blech backen.

AMANDAS TIPP

Streusel lassen sich prima einfrieren. Sebastian macht immer eine ordentliche Portion Streusel für die Gefriertruhe, so sind z. B. für einen leckeren Crumble immer Streusel ohne großen Aufwand griffbereit.

Apfel-Cranberry-Pie

Hier gibt die Füllung den Ton an

Arbeitszeit: **ca. 45 Minuten + Kühlzeit** | Backzeit: **ca. 55 Minuten** | Backtemperatur: **180° C Ober-/Unterhitze**

ZUTATEN (FÜR 1 PIEFORM, Ø 24 CM)

Teig
300 g Weizenmehl
1 EL Zucker
240 g kalte Butter oder Backmargarine, gewürfelt
1 Ei (Größe M)
1 TL Essig
5–6 EL kaltes Wasser

Füllung
Saft von ½ Zitrone
3 Äpfel
200 g frische oder TK-Cranberrys, Erdbeeren, Himbeeren oder Kirschen
50 g brauner Zucker
60 g weißer Zucker
½ TL gemahlene Vanille
¼ TL Zimtpulver
1 Msp. Muskatblüte
¼ TL gemahlener Ingwer
Abrieb von 1 Bio-Orange
3 TL Speisestärke

Topping
1 Ei
1 EL Milch
brauner Zucker

1. Für den Teig alle Zutaten (bis auf das Wasser) schnell mit den Fingerspitzen grob-krümelig verarbeiten. Das Wasser hinzugeben und verkneten. Der Teig sollte nun gerade so geschmeidig sein, dass er sich ohne zu krümeln verkneten lässt. Dann ist er feucht genug! In Frischhaltefolie gewickelt für 30 Minuten in den Kühlschrank legen.

2. Eine Schale mit Wasser und Zitronensaft bereitstellen, damit die Äpfel nicht braun anlaufen. Für die Füllung die Äpfel schälen, vierteln und entkernen. In etwa ½ cm dicke Spalten schneiden und in das Zitronenwasser legen. Die Cranberrys waschen und trocken tupfen.

3. Den kalten Teig halbieren und eine Pieform bereitstellen. Auf etwas Mehl die eine Hälfte des Teigs dünn, rund und etwas größer als die Form ausrollen und in die Form legen. Den Rand mit einer Schere, etwas überlappend, abschneiden.

4. Die Äpfel abgießen, mit einem Küchenkrepp etwas trocken tupfen und mit Beeren, Zucker, Gewürzen und Speisestärke verrühren. In die Form geben und gleichmäßig verteilen, sodass die Füllung eben ist.

5. Den restlichen Teig kurz verkneten und ebenfalls auf etwas Mehl dünn und rund ausrollen, Ø ca. 27 cm. In gut 2 cm dicke Streifen schneiden. Diese dann zu einem Gitter weben oder ein eigenes Muster flechten. Der Kreativität sind keine Grenzen gesetzt.

6. Den überstehenden Rest mit einer Schere abschneiden und festdrücken. Das Ei mit der Milch verquirlen und das Gitter bestreichen. Mit etwas Zucker bestreuen und auf mittlerem Einschub 40 Minuten backen. Alufolie über den Pie setzen und weitere 15 Minuten backen.

AMANDAS TIPP

Am besten den Pie noch warm genießen! Für ein Dessert passen dazu auch eine Kugel Vanilleeis und etwas Sahne.

Waldbeer-Mohnklecks-Kuchen

So schöne Schichten

Arbeitszeit: **ca. 20 Minuten** | Backzeit: **ca. 35–40 Minuten** | Backtemperatur: **180 °C Umluft**

ZUTATEN (FÜR 1 FORM, 35 X 25 CM)

Boden
250 g Vollkorn-Butterkekse oder Haferflockenkekse
2 EL Zucker
110 g Butter, geschmolzen

Füllung
900 g Quark
300 g Frischkäse, Doppelrahmstufe
180 g Zucker
1 TL Bio-Zitronenschalenabrieb
3 Eier
1 Päckchen Vanillepuddingpulver
1 Päckchen Mohnfix
½ Glas Waldbeerkonfitüre

Topping
1 Glas Waldbeerkonfitüre

1. Den Backofen auf 180 °C Umluftvorheizen.
2. Die Kekse mit einem Rollholz in einem Zipperbeutel oder einer Küchenmaschine fein mahlen. Zucker und Butter mischen. Gut verrühren, sodass die gesamten Brösel feucht sind. Eine Auflauf- oder Kastenform mit Backpapier auslegen und die Brösel hineingeben. Gleichmäßig zu einem Boden formen und leicht andrücken.
3. Für die Füllung Quark, Frischkäse, Zucker und Zitrone glatt rühren. Die Eier dazugeben und mit einem Kochlöffel unterrühren. Nicht zu viel und nicht zu kräftig! Zum Schluss das Puddingpulver glatt unterrühren.
4. Die Hälfte der Füllung auf den Keks-Boden geben und in größeren Klecksen das Mohnfix darauf verteilen. Auf den ein oder anderen etwas Konfitüre geben. Dann die restliche Käsemasse darübergeben und glatt streichen. 35–40 Minuten backen. Auskühlen lassen und zum Schluss die Konfitüre auf dem Kuchen verstreichen.

AMANDAS TIPP

Wer experimentierfreudig ist, kann auch die Waldbeerkonfitüre durch andere Konfitüren ersetzen!

Knoblauch-Honig-Brezeln

Herzhaft, köstlich und am besten warm genießen!

Arbeitszeit: **ca. 60 Minuten + Ruhezeit** | Backzeit: **ca. 20–25 Minuten** | Backtemperatur: **175 °C Umluft**

ZUTATEN (FÜR 6–7 STÜCK)

Teig
23 g frische Hefe
2 TL Zucker
2 volle EL Honig
280 ml warmes Wasser
610–650 g Weizenmehl
1 EL Salz
40 g weiche, zimmerwarme Butter
Mischung aus 3 l Wasser plus 55 g Backnatron
grobes Salz

Knoblauchbutter
30 g Butter
1 Knoblauchzehe
2 Stiele glatte Petersilie
etwas Parmesan, frisch gerieben

1. Die Hefe mit dem Zucker und dem Honig in das warme Wasser geben und auflösen. In einer großen Rührschüssel Mehl mit Salz mischen. Eine Mulde in die Mitte drücken und das Hefewasser hineingießen. Etwas Mehl vom Rand her über das Wasser geben (nicht komplett bedecken). 10 Minuten gehen lassen. Das Wasser beginnt nun, Blasen zu werfen. Die Butter dazugeben und mit dem Knethaken der Küchenmaschine oder des Handmixers kräftig 4–6 Minuten durchkneten. Der Teig sollte nicht mehr kleben. Bei Bedarf etwas Mehl dazugeben und nochmals 1–2 Minuten kneten. An einem warmen Ort (unter der Bettdecke oder vor der Heizung) mit einem Tuch abgedeckt 2 ½ Stunden gehen lassen.

2. Der Teig sollte nun in der Schüssel das doppelte Volumen bekommen haben. Jeweils ein Stück von ca. 130 g abnehmen, den übrigen Teig wieder mit dem Tuch abdecken. Mit den Händen auf einer Arbeitsplatte zu einer Schlange von etwa 50 cm Länge ausrollen. (Den Strang gleich dick belassen oder, um die Brezel-Form mit den typischen drei Löchern in der Mitte herzustellen, die Enden viel dünner rollen als den mittleren Teil.) Die Enden zweimal umeinanderdrehen und dann nach oben, damit die Brezelform entsteht. Die Enden einmal dort fest in den Teig drücken, wo sie sich überlappen. Die Brezel auf das Backblech legen. Den gesamten Teig so verarbeiten. Einen mittelgroßen Topf mit der Wasser-Natron-Mischung füllen. Zum Kochen bringen. Ein Backblech mit Backpapier auslegen und den Backofen auf 175 °C Umluft vorheizen. Das Salz bereitstellen.

3. Eine Brezel auf eine Schaumkelle setzen und gegebenenfalls noch einmal ein wenig nachbessern. In das kochende Natron-Wasser gleiten lassen. Für ca. 30 Sekunden immer wieder mit der Kelle Wasser über die Brezel schieben. Herausnehmen und sofort mit etwas Salz bestreuen. Fix mit den anderen Brezeln ebenso verfahren. Das Blech in den Ofen schieben (mittlerer Schub) und 20–25 Minuten backen, bis die Brezeln ihre typische braune Farbe bekommen haben.

4. Die Butter in der Mikrowelle langsam schmelzen. Den Knoblauch schälen und durch eine Knoblauchpresse drücken. Die Petersilie hacken. Beides in die flüssige Butter geben und verrühren. Die noch warmen Brezeln mit der Butter bestreichen und mit etwas Parmesan bestreuen.

AMANDAS TIPP

Ich liebe meine Knoblauch-Honig-Brezeln! Knoblauch ist gesund, außer man hat dann gleich ein Date.

SEBASTIANS
LIEBLINGE

Käsekuchen

Der wohl cremigste Kuchen aller Zeiten

Arbeitszeit: **ca. 45 Minuten** | Backzeit: **ca. 35 Minuten** | Backtemperatur: **175 °C Ober-/Unterhitze**

ZUTATEN (FÜR 1 SPRINGFORM, Ø CA. 26 CM)

Mürbeteig
200 g kalte Butter
2 Eigelbe
100 g Puderzucker
½ TL Vanillepaste oder
1 Päckchen Vanillezucker
1 kleine Prise Salz
Abrieb von ½ Bio-Zitrone
300 g Mehl
etwas Margarine oder Butter

Pudding
300 g Sahne
180 g Zucker
1 TL Vanillepaste
1 kleine Prise Salz
50 g Vanillepuddingpulver
500 g Quark (40 % Fett)
2 Eigelb (Größe M)
1 Ei (Größe M)
Abrieb und Saft von
½ Bio-Zitrone

Guss
1 Eigelb (Größe M)
50 ml Milch

1. Für den Mürbeteig die Butter in kleine Stücke schneiden und mit Eigelben, Puderzucker, Vanillepaste, Salz, Zitronenabrieb und Mehl rasch zu einem Teig verarbeiten.

2. Den Teig etwas flach drücken, in Klarsichtfolie wickeln und im Kühlschrank für ca. 30 Minuten durchkühlen lassen.

3. Die Springform mit Margarine einfetten. Den Boden kann man mit Backpapier bespannen, sodass sich der Kuchen später gut vom Boden löst.

4. Den Backofen auf 175 °C Ober-/Unterhitze vorheizen.

5. Für den Pudding die Sahne zusammen mit Zucker, Vanillepaste und Salz in einen kleinen Topf geben. In einem extra Schüsselchen das Puddingpulver mit 3–4 EL der kalten Sahne anrühren. Jetzt die restliche Sahne vorsichtig unter ständigem Rühren erhitzen. Vom Herd nehmen und das angerührte Puddingpulver mit einem Schneebesen unterrühren. Den Topf zurück auf den Herd stellen und für ca. 30 Sekunden unter Rühren weiter erhitzen. Es entsteht ein sehr fester Pudding.

6. Den Sahne-Pudding etwas abkühlen lassen und dann zum Quark geben. Anschließend die Eigelbe und das ganze Ei dazugeben. Zitronensaft und -abrieb einrühren. Sollte die Masse kleine Klümpchen enthalten, diese durch ein feines Sieb streichen.

7. Zwischenzeitlich aus Eigelb und Milch einen Guss anrühren.

8. Den Mürbeteig nun mit einem Nudelholz auf ca. 4–5 mm Stärke ausrollen und dann einen Kreis in der Größe des Springformbodens ausschneiden. Den Boden in die Springform legen und den Teig am Rand etwas mit dem Guss einpinseln.

9. Den übrigen Teig wieder etwas verkneten und eine lange Bahn mit ca. 6 cm Breite ausrollen. Ein Pizzaschneider oder ein scharfes Messer helfen hierbei für glatte Kanten. Dieses Band vorsichtig als Rand in die Springform legen. die Die Verbindung zwischen Boden und Rand etwas andrücken. Den Boden mit einer Gabel einige Male einstechen.

10. Nun die Käsekuchenmasse in die Form gießen. Den Teigrand oben mithilfe eines Messers begradigen.

11. Die Oberfläche vorsichtig mithilfe eines Backpinsels mit dem Guss bestreichen. Anschließend den Kuchen auf mittlerer Schiene 35 Minuten backen.

12. Fertig ist er, wenn die Käsekuchenmitte nicht mehr hin und her wackelt bzw. keinen flüssigen Eindruck mehr macht. Auch der Rand sollte eine schöne bräunliche Farbe haben. Nun den Käsekuchen bei leicht geöffneter Ofentür vollständig auskühlen lassen! Erst dann aus der Form nehmen und somit unschöne Risse vermeiden

AMANDAS TIPP

Sebastian wollte mich wohl provozieren, als er sagte, dass der Käsekuchen am besten nach einer Nacht im Kühlschrank schmeckt?! Aber in dem Fall hat er ausnahmsweise mal recht! Der Kuchen entfaltet sein feines Aroma und seine cremige Konsistenz nach einigen Stunden Ruhezeit. Aber es spricht ja wohl nichts dagegen, dass ich mit im Kühlschrank übernachte, schließlich muss so ein leckerer Kuchen bewacht werden!

Rüblimuffins

Karotten sind gut für die Augen!

Arbeitszeit: **ca. 25 Minuten** | Backzeit: **ca. 25 Minuten** |
Backtemperatur: **180 °C Ober-/Unterhitze / 160 °C Umluft**

ZUTATEN (FÜR 12 MUFFINS)

100 g Karotten
125 g Butter oder Margarine
100 g Zucker
2 Päckchen Vanillezucker
2 Eier (Größe M)
100 g Mehl
½ Päckchen Backpulver
100 g gemahlene Haselnüsse
100 g Puderzucker
1 EL geschmackneutrales Öl
Zitronensaft
Marzipan-Rübli zur Dekoration

1. Zuerst die Karotten schälen, waschen und mit einer Küchenreibe fein raspeln.
2. Den Backofen auf 180 °C Ober-/Unterhitze oder 160°C Umluft vorheizen.
3. Die Butter mit Zucker und Vanillezucker zu einer schaumigen Masse schlagen. Die Eier nach und nach unterrühren. Anschließend das Mehl mit dem Backpulver mischen, sieben und mit den cremigen Zutaten vermengen. Abschließend Haselnüsse und Karottenraspel unterheben.
4. 12 Papierförmchen in ein Muffin-Backblech legen oder auf ein Backblech stellen (Tipp: Je 2 Papierförmchen ineinandergestellt halten besser.) Die Förmchen gut zur Hälfte mit Teig füllen und dann für ca. 25 Minuten backen. Auf einem Kuchengitter erkalten lassen.
5. In der Zwischenzeit aus Puderzucker, Öl und Zitronensaft (wahlweise auch Rum) einen Zuckerguss herstellen und die Muffins damit bestreichen. Mit Marzipan-Rübli verzieren.

AMANDAS TIPP

Marzipan-Rohmasse selbst herstellen? Kein Problem! Hierfür 120 g geschälte Mandeln sehr fein mahlen und mit 70 g Puderzucker, 10 g Kirschwasser (oder Wasser) und 3–4 Tropfen Bittermandelöl verkneten. Fertig!

Saftiger Nusskuchen mit Schokopunkten

Schneller gegessen, als man das Wort »Nusskuchen« sagen kann

Arbeitszeit: **ca. 25 Minuten** | Backzeit: **ca. 50 Minuten** | Backtemperatur: **180 °C Ober-/Unterhitze / 160 °C Umluft**

ZUTATEN (FÜR 1 KASTENKUCHEN, LÄNGE 30 CM)

etwas Paniermehl oder Mehl für die Form
180 ml Sonnenblumenöl
200 g Zucker
1 Päckchen Vanillezucker
4 Eier (Größe M)
250 g Mehl
1 Päckchen Backpulver
1 Prise Salz
150 g gemahlene Haselnüsse
50 g gemahlene Mandeln
50 g gehackte Mandeln
1 Msp. Zimt
125 ml Milch
75 g Schokoraspeln
1 Päckchen Haselnussglasur

1. Den Backofen auf 180 °C Ober-/Unterhitze oder 160 °C Umluft vorheizen. Eine Kastenform einfetten und mit etwas Paniermehl ausstäuben.

2. Für den Teig das Sonnenblumenöl mit Zucker und Vanillezucker verrühren. Die Eier trennen, die Eigelbe nach und nach unter die Ölmischung rühren. Die Eiweiße steif schlagen (s. Seite 12) und vorerst zur Seite stellen.

3. Das Mehl mit dem Backpulver mischen, sieben und mit dem Salz zur vorbereiteten Masse geben. Nun Haselnüsse, Mandeln, Zimt, Milch und Schokoraspeln ebenfalls dazugeben und gut verrühren. Zum Schluss das steif geschlagene Eiweiß nach und nach unter den Teig heben. Den Teig in die Kastenform geben, glatt streichen und den Kuchen etwa 50 Minuten backen (Stäbchenprobe machen). Vollständig auskühlen lassen.

4. Die Haselnussglasur nach Packungsanweisung erwärmen, bis sie flüssig ist, und dann über den Kuchen gießen. Glasur erkalten lassen.

AMANDAS TIPP

Ich persönlich kenne mich mit »übrig gebliebener Schokolade« nicht aus! Aber für dieses Rezept lassen sich auch wunderbar Schokonikoläuse und Osterhasen verarbeiten. Die Schokolade in kleine Stücke hacken und anstatt der Schokoraspeln zum Teig geben.

Spitzbuben

Für die einen ist es ein Weihnachtsplätzchen, für die anderen ein XXL-Teegebäck

Arbeitszeit: **ca. 30 Minuten** | Backzeit: **ca. 10 Minuten** | Backtemperatur: **180 °C Ober-/Unterhitze / 160 °C Umluft**

ZUTATEN (FÜR CA. 15 STÜCK, Ø 10 CM)

200 g Butter
300 g Weizenmehl
1 Prise Salz
100 g gemahlene Mandeln
150 g Puderzucker
1 Päckchen Vanillezucker
2 Eier (Größe M)
etwas Puderzucker zum Bestreuen
200 g Konfitüre oder Gelee

1. Für den Mürbeteig die Butter in kleine Stücke schneiden und in eine Schüssel geben. Das Mehl sieben und mit Salz und Mandeln zur Butter hinzufügen. Den Puderzucker ebenfalls fein sieben und mit dem Vanillezucker und den Eiern in die Schüssel geben. Die Zutaten mit den Händen rasch zu einem Teig verkneten, etwas flach drücken und in Folie gewickelt für ca. 30 Minuten kalt stellen.

2. Nach der Kühlzeit den Teig auf der bemehlten Arbeitsfläche ca. 3–4 mm dick ausrollen. Mit einem runden Ausstecher (Ø 10 cm) Kreise ausstechen und auf ein Blech mit Backpapier legen. Die Hälfte der Teigkreise bleibt so, die andere Hälfte mit einem kleineren runden Ausstecher mittig ausstechen (oder herzförmig).

3. Den Backofen auf 180 °C Ober-/Unterhitze oder 160 °C Umluft vorheizen und die Kekse für 8–10 Minuten backen. Sie sollten nicht braun werden, sondern eine blassgelbe Farbe bekommen. Nach dem Backen vollständig auskühlen lassen.

4. Die gelochte Hälfte des Gebäcks mit Puderzucker bestäuben. Auf die Kekse ohne Loch die Konfitüre streichen. Dann vorsichtig den gelochten Keks-Deckel auflegen und leicht andrücken.

AMANDAS TIPP

Spitzbuben kennt man eigentlich als Weihnachtsgebäck. Insbesondere in Österreich liegen sie aber ganzjährig in großem Format in den Bäckereien. Für die Konfitüre-Füllung ist alles erlaubt: Klassisch mit Aprikose oder Johannisbeere, oder aber mal herbstlich mit Quitte oder Pflaumenmus. Probieren geht über Studieren!

Bienenstich

Summ, summ, summ, Kuchen summ herum

Arbeitszeit: **ca. 50 Minuten** | Backzeit: **ca. 30 Minuten** | Backtemperatur: **180 °C Ober-/Unterhitze / 160 °C Umluft**

ZUTATEN (FÜR 1 SPRINGFORM, Ø 26 CM)

Hefeteig
60 g Butter
50 ml Milch
325 g Weizenmehl
50 g Zucker
1 Prise Salz
½ Würfel frische Hefe (ca. 21 g)
etwas Butter oder Margarine für die Form

Puddingcreme
1 Päckchen Vanillepuddingpulver
60 g Zucker
400 ml Milch
300 g Sahne
2 Päckchen Sahnesteif

Mandelbelag
60 g Butter
50 g Sahne
3 EL Zucker
1 EL Honig
100 g gehobelte Mandeln

1. Für den Teig zuerst die Butter in kleine Stücke schneiden und mit der Milch in einem Topf erwärmen. Das Mehl sieben und mit Zucker und Salz in einer Knetschüssel mischen. Die Hefe darüberbröseln und die lauwarme Milchmischung darübergießen. Mit den Knethaken des Rührgerätes oder einer Küchenmaschine 5 Minuten kneten, bis ein glatter, glänzender Hefeteig entsteht.

2. Den Teig zugedeckt ca. 45 Minuten ruhen lassen.

3. Das Puddingpulver für die Creme mit Zucker und 4–5 EL der Milch verrühren. Die restliche Milch derweil in einem Topf aufkochen. Das angerührte Puddingpulver zur Milch geben und nochmals unter Rühren aufkochen. Den Pudding zum Abkühlen in eine Schüssel geben und direkt auf der Masse mit Frischhaltefolie bedecken, damit keine Haut entsteht.

4. Den Backofen auf 180 °C Ober-/Unterhitze oder 160 °C Umluft vorheizen und zwischenzeitlich eine Springform einfetten.

5. Den Hefeteig auf einen Durchmesser von ca. 26 cm ausrollen und in die Form legen. Nochmals zugedeckt für ca. 15 Minuten ruhen lassen.

6. Derweil für den Mandelbelag die Butter mit Sahne, Zucker und Honig in einem Topf aufkochen und dann für etwa 2–3 Minuten bei niedriger Hitze einköcheln lassen. Den Topf vom Herd nehmen und die Mandeln unterrühren. Nun die Masse mithilfe eines Esslöffels auf dem Hefeteig verteilen und gleichmäßig verstreichen.

7. Den Boden im vorgeheizten Ofen ca. 30 Minuten backen. Direkt nach dem Backen den Springformrand lösen und den Kuchen komplett erkalten lassen.

8. Den gebackenen Hefekuchen waagerecht halbieren, den Boden auf eine Tortenplatte setzen und einen Tortenring darum stellen. Die Sahne mit Sahnesteif steif schlagen und unter die Puddingcreme heben. Nun die Creme auf dem Boden verstreichen und mindestens 1 Stunde in den Kühlschrank stellen. Den Deckel kurz vor dem Servieren auflegen.

AMANDAS TIPP

Die Stücke für den Bienenstich lassen sich viel schöner schneiden, wenn man den Deckel vorbereitet. Hierzu das Oberteil des Kuchens auf eine Platte legen und in 12 Stücke schneiden. Außer ihr seid ein Nilpferd, dann ist der Kuchen an sich 1 Stück.

Mandelhörnchen

Tausende während der Lehrzeit gerollt und geformt

Arbeitszeit: **ca. 45 Minuten + Kühlzeit** | Backzeit: **ca. 10–15 Minuten** | Backtemperatur: **190 °C Ober-/Unterhitze**

ZUTATEN (FÜR CA. 19 HÖRNCHEN)

200 g Marzipanrohmasse
100 g Puderzucker
1 TL Orangenschalenaroma
½ TL gemahlenes Zimtpulver
1 Messerspitze gemahlener Kardamom
¼ TL Lebkuchengewürz
¼ TL Vanilleextrakt
100 g gemahlene Mandeln
40 ml Milch
100–150 g gehobelte Mandeln
1 Beutelchen Zartbitterguss

1. Das Marzipan grob in Würfel schneiden. Mit Puderzucker, Gewürzen, gemahlenen Mandeln und Milch in einer Schüssel zu einem glatten Teig kneten (es klebt fürchterlich, darum am besten Handschuhe tragen oder mit einer Küchenmaschine arbeiten). In Frischhaltefolie gewickelt (oder einer luftdicht verschließbaren Dose) für 30–34 Minuten in den Kühlschrank stellen.

2. Ein Backblech mit Backpapier auslegen. Den Backofen auf 190 °C Ober-/Unterhitze vorheizen. Die Mandelblättchen in eine flache Schale geben, in die die späteren Hörnchen hineinpassen. Den Teig in 18–20 kleine, gleich große Portionen aufteilen. Eine kleine Schüssel mit Wasser bereitstellen (mit angefeuchteten Händen klebt der Teig weniger!). Den Teig zu Kugeln drehen, zu etwa 8 cm langen Schlangen rollen und dann zu Hörnchen biegen. Diese etwas platt drücken. In den gehobelten Mandeln wenden und diese leicht andrücken. Auf das Backblech legen und 10–15 Minuten goldgelb backen. Je bräunlicher (aber nicht dunkel) sie werden, desto aromatischer sind sie. Auf dem Blech abkühlen lassen und nach etwa 30 Minuten auf ein Kuchengitter umsetzen und auskühlen lassen.

3. Den Kuchenguss in einem Wasserbad erhitzen. (Mit einer fertigen Glasur gelingt dies besser als nur mit Schokolade, da diese schlierig und grau wird, wenn man sie nicht richtig temperiert.) Die Enden der Hörnchen hineintauchen und auf Backpapier fest werden lassen.

AMANDAS TIPP

Damit die Mandelhörnchen nicht auf der Tischplatte kleben, kann man diese auch gleich auf den Mandelblättchen rollen und formen. Dazu ein paar Mandelplättchen auf der Arbeitsfläche verteilen.

Müsliriegel

Powerriegel für starke Nerven

Arbeitszeit: **ca. 15 Minuten** | Backzeit: **ca. 20–25 Minuten** | Backtemperatur: **180 °C Umluft**

ZUTATEN (FÜR CA. 12 STÜCK/ 1 FORM, 20 CM X 20 CM)

50 g getrocknete Aprikosen (ca. 3 Stück)
2–4 getrocknete Datteln
130 g Nussmüsli ohne Zuckerzusatz/Früchte
50 g Vollkornmehl
15 g gehackte Pistazien plus einige für das Topping
1 Banane (ca. 110 g)
70 g Wild- oder Waldblütenhonig

1. Die Aprikosen und Datteln in kleine Würfel schneiden. Nüsse aus dem Müsli grob hacken. Alles mit Mehl und Pistazien vermischen. Die Banane mit einer Gabel fein zerquetschen und mit dem Honig zusammen unter die trockenen Zutaten mischen.

2. Eine Form mit Backpapier auslegen. Den Ofen auf 180 °C Umluft vorheizen. Die Müslimasse hineingeben, glatt streichen und dabei zusammendrücken. Gut 20–25 Minuten backen (die Masse sollte nicht zu dunkel werden).

3. Aus dem Ofen nehmen. In die noch warme, weiche Masse einige Pistazien streuen und leicht eindrücken. In Riegel schneiden.

AMANDAS TIPP

Zum Schneiden der Müsliriegel ein scharfes Messer leicht anfeuchten. Es eignet sich auch ein Pizzaschneider.

Aprikosen-Hafer-Streuselkuchen

Hafer-Crumble für den besonderen Genuss

Arbeitszeit: **ca. 30 Minuten** | Backzeit: **ca. 13 Minuten / ca. 20–25 Minuten** | Backtemperatur: **180 °C Ober-/Unterhitze**

ZUTATEN (FÜR 1 BLECH, 40 X 25 CM)

Haferteig
200 g kernige Haferflocken
200 g Mehl
80 g brauner Zucker
50 g weißer Zucker
½ TL Meersalz
1 TL Zitronenschalenaroma
240 g kalte Butter

Füllung
600 g Aprikosen
1 EL Honig
1 EL Speisestärke
1 TL Zitronenschalenaroma
100 g Aprikosenkonfitüre
Pistazien

1. Backofen auf 180 °C Ober-/Unterhitze vorheizen.

2. Für den Teig alle Zutaten in eine Rührschüssel geben. Mit den Fingern zu einem geschmeidigen, aber doch etwas krümeligen Teig kneten. Etwas mehr als die Hälfte auf das Blech geben und festdrücken. 13 Minuten backen, herausnehmen und kurz abkühlen lassen.

3. Für die Füllung die Aprikosen waschen, halbieren und entsteinen. Die Hälften in drei Spalten schneiden. Aprikosen mit Honig, Speisestärke und Zitronenaroma in einer Schale mischen. Auf den Boden geben und gleichmäßig verteilen. Auch Saft und Konfitüre grob darüber verteilen.

4. Den übrigen Teig mit den Fingern leicht verkrümeln und über die Aprikosen streuen. Im Backofen ca. 20–25 Minuten backen, bis die Streusel knusprig goldgelb sind. Auf einem Kuchengitter komplett auskühlen lassen. Erst dann herausnehmen und schneiden.

5. Der Kuchen ist unglaublich saftig und locker. Und jeder wird ihn lieben!

AMANDAS TIPP

Die Stücke erst schneiden, wenn der Kuchen komplett erkaltet ist. Andernfalls bekommt ihr keine sauberen Kanten, wobei mir das ja egal wäre!

Gefüllte Vanille-Ofenkrapfen

Wer Kaffee mag, wird diese Teilchen lieben!

Arbeitszeit: **ca. 60 Minuten + Ruhezeit** | Backzeit: **ca. 12–15 Minuten** | Backtemperatur: **220 °C Ober-/Unterhitze**

ZUTATEN (FÜR 12 STÜCK)

Hefeteig
460–500 g Weizenmehl
3 gehäufte EL Instant-Latte-Macchiato-Pulver
¼ TL gemahlener Kardamom
¼ TL gemahlener Zimt
1 TL gemahlene Vanille oder Vanilleextrakt
1 Prise Salz
50 g weißer Zucker
40 g brauner Zucker
240 ml handwarme Milch
25 g frische Hefe oder 1 Beutel Trockenhefe
75 g weiche Butter

Vanille-Zucker-Mischung
150 g feiner Zucker
½ TL gemahlene Vanille
50 g Butter, geschmolzen und abgekühlt

Creme
250 ml Konditor-Sahne
50 g Zucker
4 gehäufte EL Instant-Latte-Macchiato-Pulver
100 g Mascarpone
1–2 TL San-apart

Deko
gemahlene Vanille
frische Kaffeebohnen, fein zerstoßen

1. Für den Hefeteig Mehl, Instant-Pulver, Gewürze, Salz und bis auf 1 EL den Zucker in einer große Rührschüssel vermengen und eine Mulde in die Mitte drücken. In die warme Milch den EL Zucker, die Hefe und die Butter einrühren. In die Mulde gießen und mit etwas Mehl vom Rand bestäuben. 5–10 Minuten stehen lassen, bis die Milch Blasen wirft.

2. Nun mit den Kanthaken von Küchenmaschine oder Handmixer den Teig mindestens 5–7 Minuten kräftig kneten, bis er sich vom Schüsselrand löst. Bei Bedarf ein wenig Mehl dazugeben. Den Teig herausnehmen die Schüssel mit etwas neutralem Öl einstreichen. Den Teig zurücklegen, ebenfalls mit etwas Öl einstreichen und abgedeckt an einem warmen, zugluftfreien Ort (z. B unter der Bettdecke) 60 Minuten gehen lassen!

3. Den aufgegangenen Teig auf eine leicht bemehlte Arbeitsfläche geben und in 12 gleich große (abwiegen) Teiglinge schneiden. Diese in der Hand kurz zu einer Kugel drehen und die Oberfläche dann auf der Arbeitsfläche unter der leicht gewölbten Hand glatt rollen. Die Kugeln auf zwei Backbleche mit Backpapier und etwas Abstand zueinander setzen und abgedeckt 45 Minuten gehen lassen.

4. Den Backofen auf 220 °C Ober-/Unterhitze vorheizen. Den Zucker mit der Vanille mischen. Jeweils ein Blech für 12–15 Minuten (Bräunungsgrad beachten) backen. Die Ofenkrapfen etwa 5 Minuten abkühlen lassen. Mit Butter einstreichen und in der Vanille-Zucker-Mischung wenden. Mit ein oder zwei Fingern ein Loch in die Mitte der Krapfen drücken (aber nicht durchdrücken). Komplett auskühlen lassen.

5. Für die Creme die Sahne mit Zucker und Instant-Pulver steif schlagen. Den Mascarpone unterrühren und mit San-apart verrühren, sodass eine leicht feste Creme entsteht. Jeweils 2 EL Creme mittig in das Loch auf die Krapfen geben und mit etwas Vanille und Kaffee bestreuen.

AMANDAS TIPP

Konditorsahne gibt es im Kühlregal. Sie hat mehr Fett als herkömmliche Sahne und ist dadurch stabiler.

Kräuter-Knoblauch-Brötchen

Der Hit beim BBQ

Arbeitszeit: **ca. 45 Minuten + Ruhezeit** | Backzeit: **ca. 12–15 Minuten** | Backtemperatur: **190 °C Ober-/Unterhitze**

ZUTATEN (FÜR 10 STÜCK)

Hefeteig
650 g Mehl
1 TL Salz
½ TL schwarzer Pfeffer aus der Mühle
40 g geriebener Parmesan
1 TL Zitronenschalenabrieb
1 ½ Päckchen Trockenhefe
1 EL Zucker
340 ml handwarmes Wasser
90 g weiche Butter
40 g Olivenöl

Kräuter-Knoblauchbutter
1 Handvoll frische Kräuter, fein gehackt (Petersilie, Dill, Basilikum, Rosmarin, Thymian)
5 Knoblauchzehen
200 g weiche Butter
½ TL Zitronenschalenabrieb
¼ TL getrocknete Chiliflocken

1. Für den Hefeteig das Mehl mit Zucker, Salz, Pfeffer, Parmesan und Zitronenschalenabrieb vermischen und in eine große Rührschüssel geben. Eine Vertiefung mittig in das Mehl drücken.

2. Die Hefe mit dem Zucker im Wasser auflösen und in die Mulde gießen. Mit etwas Mehl vom Rand bestäuben und mit Frischhaltefolie abgedeckt 15 Minuten gehen lassen.

3. Butter und Olivenöl dazugeben und alles mit den Knethaken von Küchenmaschine oder Handmixer 8–10 Minuten durchkneten. Das ist wichtig, damit der Teig später wunderbar luftig wird. Mit Frischhaltefolie abdecken und an einem warmen Ort für 90 Minuten gehen lassen, (z. B. unter einer Decke).

4. Die Kräuter-Knoblauchbutter zubereiten. Dafür die gemischten Kräuter von den Stielen befreien und fein hacken. Den Knoblauch schälen und pressen. Alles mit Butter, Zitronenabrieb und Chilliflocken vermengen.

5. Den Hefeteig auf einer leicht bemehlten Arbeitsfläche einmal durchkneten und dann zu einem Rechteck von ca. 40 × 50 cm ausrollen. Einen Streifen von 5 cm abschneiden und in Folie gewickelt beiseite legen.

6. Den Rest dünn mit etwas Kräuterbutter bestreichen. Die lange Seite zur langen Seite umklappen und fest aneinanderdrücken.

7. Die Platte mit einem scharfen Messer in 3 ½–4 cm breite Streifen schneiden. Diese etwas auseinanderziehen und beide Seiten gleichzeitig eindrehen. Die Teigkordel zu einer Schnecke eindrehen, das untere Ende unter die Schnecke schieben.

8. Die Brötchen auf ein mit Backpapier ausgelegtes Backblech setzen. Wenn alle mit Kräuterbutter gefüllten Stücke verarbei-

tet wurden, die Mitte der Schnecke tief mit dem Daumen herunterdrücken. Aus dem restlichen Teig kleine Kugeln drehen und diese fest und tief in die Mitte der Twister drücken.

9. Mit einem Tuch abgedeckt so lange stehen lassen, bis der Backofen auf 190 °C Ober-/Unterhitze vorgeheizt ist. 12–15 Minuten backen.

AMANDAS TIPP

Brötchen aufschneiden und kurz auf dem Grill anrösten! Sebastian nannte das in seiner Kindheit wohl immer »Räuberbrot«. Ich räubere ja nur Schokolade aus dem Schrank!

REGISTER

V

W

Z

DANKSAGUNG

Nun möchte ich auf dieser Seite noch Danke sagen!
Danke all den Menschen, die in den letzten Monaten so eifrig mitgebacken haben und immer wieder sagten: »Wann gibt es denn endlich ein zweites Backbuch?«. Dies war natürlich eine große Motivation für mich, dieses Projekt in die Tat umzusetzen.
Danke dem riva Verlag und Sofie, die der neuen Idee dann auch gleich zugestimmt hat. Danke Juliane, die sich in vielen Mails und Telefonaten mit meinen Wünschen und Ideen auseinandergesetzt hat. Egal, ob bei der Umsetzung oder bei den Vorschlägen fürs Cover, bis hin zu kleinen Details bei den Rezepten. Auch beim Fotoshooting stand sie Amanda tapfer zur Seite. An dieser Stelle auch ein megagroßes Dankeschön an Rainer, der uns auf den Bildern ins perfekte Licht gerückt hat. Ebenso an Jessi und Elke, die eine große Unterstützung beim Shooting waren!
»Wau, Wau« (das heißt »Danke« in der Hundesprache) an unser Fotomodell Balu, der mit Frauchen und Herrchen und dank Instagram ganz spontan zum Shooting kam.
Ein ganz großes Dankeschön geht an Stephie, die mit ihren Ideen und ihrer Kreativität dafür gesorgt hat, dass wunderschöne Fotos entstehen. Das Auge isst schließlich mit, und ich bin dankbar für jeden einzelnen Schnappschuss.
Ich möchte mich auch bei meinen Eltern, Freunden und Nachbarn bedanken, die sich in den letzten Wochen als Versuchskaninchen zur Verfügung gestellt und sämtliche Backwaren verkostet haben. Das hat mir eine Menge Kalorien erspart.
Danke auch Martina, Frank und Markus, die mir immer wieder mal mit Rat und Tat zur Seite standen.
Vielen Dank an euch da draußen, an alle Amanda-Fans und Backfreunde. Was wäre ein Buch, das keiner liest?! Ich wünsche euch ganz viel Spaß beim Backen – genießt es und seid kreativ. Ihr wisst ja: »Backen ist aus Teig geformte Liebe!«
Und abschließend sage ich natürlich: »Danke Amanda!« Ohne sie gäbe es wohl kein Buch und ohne sie hätte ich auch nie mehr so viel (einhändig) gebacken.

Auch als **E-Book** erhältlich

160 Seiten
19,99 € (D) | 20,60 € (A)
ISBN 978-3-7423-0466-7

Sebastian Reich

Amandas Backträume

Kuchenklassiker, Torten, Muffins und herzhafte Naschereien

Schon seit vielen Jahren stehen der Comedian Sebastian Reich und Amanda, eine junge, freche Nilpferd-Lady, gemeinsam auf der Bühne. Zusammen touren die beiden durch die Republik, und Amanda macht vor den Kameras nicht halt – aber genauso wenig vor dem Schneebesen! Sie liebt es, gemeinsam mit Sebastian in der Küche zu stehen und süße Leckereien zu backen. Sebastian unterstützt Amanda dabei kräftig, denn bevor er sich auf seine Comedy-Karriere konzentrierte, absolvierte er eine Ausbildung zum Bäcker und Konditor, und noch heute backt er gerne für seine Liebsten.

Dieses Buch versammelt über 60 Lieblingsrezepte der beiden, von Klassikern wie Donauwelle, Aprikosenkuchen über kleine Köstlichkeiten wie Cakepops und Cupcakes bis zu Raffiniertem wie Erdbeerpizza. Ein besonderes Highlight für alle Fans ist die süße Amanda-Motivtorte, aber auch die Weihnachtsbäckerei kommt nicht zu kurz.

riva